Andreas Altmann
Morning has broken

Andreas Altmann

Morning has broken

Leben Reisen Schreiben

PIPER

Mehr über unsere Autorinnen, Autoren und Bücher:
www.piper.de

Von Andreas Altmann liegen im Piper Verlag vor:
34 Tage – 33 Nächte
Der Preis der Leichtigkeit
Das Scheißleben meines Vaters, das Scheißleben
meiner Mutter und meine eigene Scheißjugend
Dies beschissen schöne Leben
Verdammtes Land
Frauen.Geschichten.
In Mexiko
Leben in allen Himmelsrichtungen
Gebrauchsanweisung für die Welt
Gebrauchsanweisung für das Leben
Gebrauchsanweisung für Heimat
Bloßes Leben

Unser Versprechen für
mehr Nachhaltigkeit
• Klimaneutrales Produkt
• FSC®-zertifiziertes Papier
• Hergestellt in Deutschland

MIX
Papier | Fördert
gute Waldnutzung
FSC® C014496

ISBN 978-3-492-07150-5
© Piper Verlag GmbH, München 2023
Satz: Fotosatz Amann, Memmingen
Gesetzt aus der Minion Pro
Litho: Lorenz & Zeller, Inning am Ammersee
Druck und Bindung: GGP Media GmbH, Pößneck
Printed in Germany

Das Buch gehört Helge, einem Mann, der als weißer Rabe durchs Leben geht. So einmalig ist er. Er kann und tut so vieles, was wir vielen nicht können und nicht tun.

Chirurg sein und Leben retten
Schönheitschirurg sein und glücklich machen
Elvis impersonator
Gedichte-Deklamator
Buchliebhaber
Sprachliebhaber
Damenfüße-Fetischist
Heiterer Angeber
Held und Frauenheld
Todernster Grübler
Verschenker
Wing-Tsun-Kämpfer, blitzschnelle martial art aus China, die unter anderem fordert: »Schütze die Schwachen und Kleinen, durch die Kampfkunst forme deinen Charakter.«

Ah, da fällt mir ein, dass er am liebsten – wenn wir uns sehen – seine tausend Muskeln um mich schlingt und so lange und so heftig drückt, bis ich um Gnade flehe. Diese Art von Begrüßung ist einer seiner ultimativen Liebesbeweise.

Bert Brecht hat ein famoses Gedicht geschrieben, bei dem er an Helge gedacht haben muss. So schenken Bert und ich ihm die folgenden Zeilen.

Die Freunde
Wenn du in einer Kutsche gefahren kämst
Und ich trüge eines Bauern Rock
Und wir träfen uns eines Tags so auf der Straße
Würdest du aussteigen und dich verbeugen.
Und wenn du Wasser verkauftest
Und ich käme spazierengeritten auf einem Pferd
Und wir träfen uns eines Tags so auf der Straße
Würde ich absteigen vor dir.

Wisława Szymborska:
Ich begeistere mich und verzweifle.

Charles Bukowski:
*Niemand hat so viel Seele, dass er gegen
die Nerven ankommt.*

Joan Didion:
Wir erzählen uns Geschichten, um zu leben.

Edgar Davids:
*Ich teile die Welt in Freunde, Helden
und Idioten ein.*

Inhalt

Vorwort

Vor einiger Zeit las ich einen Bericht über Brigitte Bardot. Drei Seiten lang in der *Le Monde*. Einst weltberühmtes Sexsymbol, dann weltberühmte Tierschützerin. Sie erwähnte unter anderem, mit welcher Leichtigkeit sie mit vierzig ihre Schauspielkarriere aufgegeben hatte. Ein Film mehr mit ihr würde den Weltenlauf nicht ändern. So grandios sei ihr Talent nicht gewesen, um nicht unbekümmert davon zu lassen. Sie sah sich nie wie viele ihrer Kolleginnen, für die dieser Beruf alles bedeutet, ja, die sich jenseits der Kamera kein Leben vorstellen können. Sie konnte es. Was sie anschließend souverän bewies.

Unbescheidenerweise musste ich beim Lesen an mich denken. Obwohl nie Sexbombe und nie weltberühmt. Aber die Einsicht, dass keine meiner Zeilen etwas bewirken, je irgendwen beeinflussen wird, die kam bei mir an. Mit der Erkenntnis, dass die Menschheit durchaus auf meine Begabung – die mir manche bescheinigen – verzichten könne.

Das war nicht immer so. Früher, als ich anfing zu schreiben, war ich von Übermut ergriffen: Ich erfinde die Sprache neu, hier kommt ein Wunder auf die Leserschaft zu, hier setzt einer entscheidende Maßstäbe.

Heute kichere ich, sobald ich mich an diesen Größenwahn erinnere. Denn in der Zwischenzeit musste ich erfahren, dass es andere auch können – vielleicht besser. Und dass wir keine neue Sprache haben. Was wir haben, wenn wir es haben: Talent und die Bereitschaft, uns zu schinden. Um anzutreten gegen einen übermächtigen Gegner: das Genie deutsche Sprache.

Zurück zu Madame Bardot. Gewiss, ihr Interview brachte mich ins Grübeln. Plötzlich gefiel mir die Vorstellung, das Schreiben aufzugeben. Zugegeben, nur als Gedankenspiel. Da ich nichts anderes kann, wofür mir jemand mehr als fünf Euro pro Tag zahlen würde, zudem mir alle Kraft fehlt, um Mensch und Tier zu retten, muss ich wohl bis auf Weiteres hocken und tippen.

Wie erfreulich, mit der Zeit verging mir jeder Anflug von Hochmut. Wie die so aberwitzige Idee, »der Welt den Spiegel vorhalten« zu wollen. Das moralisch Hochgerüstete verließ mich. Jede »Mission« schien mir von nun an verdächtig zu sein. Was bleiben soll, unbedingt: Texte für helle Köpfe zu verbreiten. Die beim Lesen mitdenken und mitfühlen. Was für ein Geschenk an einen Autor.

Die Folge: Ich mäßigte mich, ich hörte auf, mich zu überschätzen. Das Einzige, was mich in Zukunft antreiben sollte, war eine Tagebuchnotiz von Gabriel García Márquez, die ich in der Nationalbibliothek in Bogotá gefunden hatte. Die paar Wörter klangen wundersam trocken und cool: »Ich glaube, die revolutionäre Aufgabe des Schriftstellers ist es, gut zu schreiben.« Irgendwann las ich noch einen Satz von ihm zum Thema: »Warum ich schreibe? Um Frauen kennenzulernen.« Unheimlich, was Männer alles unternehmen, um zu gefallen.

Schreiben ist die nackte Maloche.

In Boulder, im Bundesstaat Colorado, traf ich am

Naropa-Institut den finnisch-amerikanischen Übersetzer, Professor und Dichter Anselm Hollo. Der Dreiundsechzigjährige, erfolgreich und angesehen, leitete an der Universität einen Literaturkurs, an dem ich während ein paar Stunden – als stiller Zuschauer – teilnehmen durfte. Einer seiner vielen intelligenten Sätze, die ich notierte, ging so: »The basic line of writing is: tell a story!« Aus seinen weiteren Ausführungen habe ich in etwa verstanden: Erzähle eine Geschichte, stringent, zügig. Erzähle sie so, dass man sie beim ersten Lesen versteht. Moralisiere nicht, vermeide Detailhuberei, denke stets beides gleichzeitig: Inhalt und Form. Weder das eine noch das andere ist wichtiger, sie bedingen sich.

Ein kluger Gedanke in elegante Worte verpackt ist der Traum aller, die Sprache lieben. Kommt sie in Hochform daher, dann ist sie bisweilen imstande, uns die Trägheit des Herzens (»the inertia of heart«) auszutreiben. Eine Zeit lang, immerhin.

Noch ein Hinweis, bitte. Er bezieht sich auf das vorliegende Buch. Den Begriff »Reiseschriftsteller« finde ich eher bizarr. Das hieße ja nichts anderes, als dass so einer nur auf Reisen lebt und schreibt. Den Rest seines Daseins passiert nichts, da ist er tot. Noch ist es nicht so weit, ich bin jeden Tag, auch zu Hause in Paris, lebendig und jeden Tag – nebenbei – ein »writer«. Das ist einer, dem Dinge zustoßen, die er irgendwann veröffentlicht. Wenn sie denn bemerkenswert sind. Dabei ist vollkommen egal, wo es gerade brennt. Das Einzige, was zählt: Rührt es mich an, und könnte es andere anrühren? Ob ich in der Metro eine mutige Frau beobachte oder in New York durch die Subway fliege: Szenen eben, die uns etwas vom Leben auf Erden berichten.

PS: Erstaunlich, doch beim Stoffsammeln für dieses Vorwort fiel mir wieder die Nachricht einer Leserin ein (ich hatte sie radikal verdrängt), die mir vor Monaten gemailt hatte, dass ich ihr das Leben gerettet hätte. Das Leben! Mit einem Buch. Da ich als Reporter zuerst grundsätzlich nichts glaube, habe ich intensiv nachgefragt. Eine Art Kreuzverhör, mit detaillierten Fragen, um herauszufinden, ob hier jemand pathetisch übertreibt oder tatsächlich die Wirklichkeit berichtet. Aber ihre Geschichte blieb kohärent. Keine Widersprüche, auch später nicht. Zudem schrieb sie ruhig, ohne Drama, ohne Superlativ in der Wortwahl.

Was war geschehen? Die junge Frau, Ende zwanzig, hatte eine widerliche Kindheit hinter sich, später zwei Begegnungen mit schwer übergriffigen Männern. Was zuletzt nicht ohne psychische und psychosomatische Folgen blieb: auch strudelnde Depressionen, auch eine kaputte Niere. Was nicht aufhörte, was nur bedrohlicher wurde. Also packte sie eines Tages ihren Rucksack und fuhr in ein Land mit viel Meer an allen Küsten. Dort, im Atlantik, wollte sie aufhören zu leben. Das war ihr Plan.

So weit, so schaurig, aber: Ein Freund, wohl wissend um ihre Gefährdungen, hatte ihr meine Biografie mitgegeben, »Das Scheißleben meines Vaters, das Scheißleben meiner Mutter und meine eigene Scheißjugend«. Und Anna, so soll sie heißen, fing an zu lesen, nachts im Zelt. Und sie las so, wie ich es mir immer gewünscht hatte: nicht als Bericht aus dem Fegefeuer, sondern als rotzige Abrechnung, angetrieben von einem unbedingten Willen, nicht zu zerbrechen. Und Anna dachte, so schrieb sie mir: Was der kann, kann ich auch – davonkommen und ein anderes Leben finden. Und sie baute das Zelt ab und kam zurück. Nicht geheilt, aber mit der Kraft, nach einem Ausweg zu suchen. Einem sanfteren als dem Tod. Was ihr offensichtlich gelungen ist.

Okay, ich widerrufe kurz. *Ein Mal* hat ein Buch von mir den Lauf der Dinge verändert. Ich will mich nicht beklagen.

Morning has broken

Ein Sommertag, eine laue Brise und eine Temperatur, die nichts als Glück verheißt. Das kommen wird – wenn auch über Umwege.

Ich sitze auf der Terrasse eines Cafés, das noch nicht offen hat. Eine Frau, wohl eine Angestellte, kommt und fordert barsch, mich zu entfernen. Sie müsse die Kette aufsperren, die die Stühle verbindet. Seltsam, denn das Schloss befindet sich fünf Meter entfernt. Mein Hinweis zählt nicht. So wenig wie der Wunsch, einen Espresso zu bestellen. Die Frau mit dem Schlüssel will ihre kleine Macht nicht hergeben, verstanden, hier wirtschaftet eine Unglückliche, die jetzt um 8.53 Uhr ihr Unglück mit mir teilt.

Die toxische Luft vertreibt mich, ich gehe über die Straße, warte stehend. Um neun macht das Postamt hier auf, wo ich ein nach Wochen gefundenes Päckchen abholen soll. Zeit genug, um der Unglücklichen zuzuschauen, wie sie gleich wieder um sich schießt. Ihr Giftbecher scheint randvoll zu sein: Eine ältere Dame fährt mit ihrem Rollstuhl nah an ein Tischchen des Cafés heran, ganz offensichtlich, um den Sonnenplatz zu genießen. Mit einem Kaffee vermutlich. Doch auch Behinderte haben hier keine Chance. Die Kriegerin verweist sie eiskalt auf die Tatsache, dass das Café noch geschlossen hat. Ich schaue auf die Uhr, noch drei Minuten geschlossen. Jedes Gramm Macht zählt.

In der Soziologie gibt es den Begriff des »eskalierenden Commitments«: Man hat in etwas investiert und kann nicht mehr aufhören – selbst wenn man spürt, dass es falsch läuft –, weiter zu investieren. Statt frühzeitig und mit überschaubarem Verlust auszusteigen.

So etwas Ähnliches passiert hier – im übertragenen Sinn. Mag sein, dass die Missgelaunte eine leise Stimme hört, die ihr rät, von ihrer Boshaftigkeit zu lassen und einen friedlicheren Gang einzulegen. Aber sie ist in Fahrt, ihr Unmut – über was nur? – ist nicht zu bremsen. So geifert sie, haltlos ihrer Laune ausgeliefert.

Früher hätte ich gepöbelt, ihr zurückgegeben, was sie verdient. Ja, mich gefragt – Prolo, ich weiß –, ob sie schlecht gevögelt wird. Oder zu wenig. Heute kann ich an mich halten, auch weil ich Leute kenne, die gut und viel gevögelt werden und trotzdem eher trostlos durchs Leben gehen. Die Gründe müssen folglich tiefer liegen als in einem dürftigen Sexleben.

Als ich von Paris nach Berlin zu Fuß und ohne Geld wanderte, kam ich durch eine Kleinstadt, wo es ein Büro gab, in dem *les gens du voyage* – das wären die Roma, die Sinti und alle ohne festen Wohnsitz – einen Gutschein über zehn Euro bekamen. Den konnten sie im nahen Supermarkt einlösen. Nur Alkohol, den gab es dafür nicht.

Die Frau hinter dem Schreibtisch war ausgesprochen höflich, ja, durchaus bekümmert. Ich sah bereits aus wie jemand, der auf der Straße lebte. Etwas Wehmütiges war um sie. Was wahrscheinlich nichts mit ihrem Beruf zu tun hatte, nichts mit dem, was sie jeden Tag sah. Nein, vielleicht war es die Traurigkeit einer kaputten Liebe oder der Verlust eines Menschen. Oder die Aussicht auf eine böse Krankheit. Klar, nur Mutmaßungen.

Unversehens war ich, bildete ich mir ein, gerührter von ihr als sie von mir. Und wollte plötzlich Magier sein, der nur das eine erlösende Wort aussprechen müsste: um diese Frau zu retten, ja, sie in einen Zustand von Heiterkeit und Leichtigkeit zu zaubern.

Jener harmlose Größenwahn hat mich seitdem nicht verlassen. Obwohl es das *eine* Wort nicht gibt. Dennoch, bisweilen träume ich. Auch heute, als ich dem Café-Drachen zusehe, wie er schwer beladen den Tag beginnt.

Ich gehe zur Post, die endlich öffnet. Doch wir dürfen nicht hinein, weil eine Post-Frau uns wegscheucht: »Treten Sie zurück, ich will die Tür öffnen.« Ein überraschender Satz, denn niemand steht im Weg. Okay, die zweite Unglückliche, noch eine, die kommandieren muss, um sich am Leben zu fühlen.

Wie heißt es in *Morning has broken* von Cat Stevens: »Mine is the sunlight, mine is the morning.« Aber hier haben wir zwei, die vom Sonnenlicht an einem hellen Morgen nichts wissen wollen. In ihren Köpfen ist es düster, traurig bewölkt.

Ein Tagtraum fällt mir ein, der mich seit Jahrzehnten begleitet: Ich bin wieder einmal als *Master of the Universe* unterwegs und kann bestimmen, dass ein »Vorfall« wiederholt wird. Freilich unter entschieden angenehmeren Voraussetzungen. Wobei die ungute Fassung verschwindet, automatisch überschrieben wird: So hätten wir eine Frau, die mich auf der Terrasse freudestrahlend begrüßt, und eine andere Frau, die schwungvoll mit einem Lächeln die Tür aufsperrt, und einen Mann, mich, der als Weltmann mit einem bestechend coolen Grinsen ein Problem aus der Welt schafft.

Wie kindlich, denn wie niemand unter den acht Milliarden kann ich Geschehenes ungeschehen machen. Die Vergangenheit bleibt, unverbesserlich. Und dennoch, ich kann versuchen, sie neu zu inszenieren. Wie heute, wie jetzt, da ich gerade stark bin, nicht gekränkt, nicht nachtragend, dafür himmelblau bestrahlt und federleicht: Ich gehe mit einem friedlichen Körper zurück ins Café, mit einem Gesicht, das nichts als Wohlwollen signalisiert. Und die Unwirsche sieht mich, ist smart und versteht sogleich mein Angebot. Gewiss, ihr Lächeln ist noch scheu, noch nicht sicher, ob es dem Frieden trauen soll.

Als sie den Espresso und das Baiser bringt, tun wir so, als wäre vor fünfzehn Minuten nichts geschehen. Okay, das entscheidende Wort habe ich noch immer nicht entdeckt, aber bisweilen gelingt mir eine Mühelosigkeit, die andere von ihrer Mühsal befreit. Ein paar Momente lang. Immerhin.

Corona

Irgendwann, nachdem der zweite Lockdown beschlossen war, fiel mir ein Satz von Woody Allen ein: »Die Ewigkeit kann lang dauern, besonders dem Ende zu.«

Zurück auf Anfang. Als es März 2020 ernst wurde mit der Pandemie, hatte ich einen Unfall in Paris, wo ich lebe. Ein Autofahrer war so freundlich und drängte mich, den harmlosen, den geruchlosen, den lautlosen Radfahrer, zur Seite. Mein rechtes Knie knallte auf das Trottoir, und ich lag flach. Der Täter gab unbekümmert Gas und verschwand.

Knie und Wade verbogen sich die folgenden Tage. Ich reiste nach Deutschland, um mich untersuchen zu lassen. Da inzwischen die Krankenhäuser verpflichtet waren, »nicht absolut notwendige« Eingriffe zu verschieben, musste ich – bald ausgerüstet mit Orthese und zwei Krücken – betteln gehen. Um eine barmherzige Seele zu finden, die bereit war, mich zu operieren. Da eine konservative Heilung nicht mehr infrage kam. Zu heftig die Verletzung. Ich fand den Barmherzigen, der meinen Fall für »absolut« erklärte, denn weiteres Warten hätte bleibende Schäden bedeutet.

Fünf (!) Wochen nach der Kollision kam ich unters Messer, mit Vollnarkose. Um drei Stunden später das Krankenbett wieder frei zu machen. Ich war entlassen.

Sorry, ich hatte mich getäuscht, schon jetzt begann die Ewigkeit.

Einen Tag und eine Nacht hielt das Knie still, noch anästhesiert. Dann näherte ich mich dem ersten Kreis der Hölle. Noch keine Hölle, aber entschieden näher dran. Die Aussage eines befreundeten Chirurgen fiel mir ein: dass Knie besonders begabt sind für Schmerzen.

Acht (!) Monate zog sich das hin, täglich und nächtlich sediert mit Diclofenac und Tilidin. Unmöglich herauszufinden, ob bei der Operation gepfuscht worden war oder nicht. Die nächste Komplikation: Ich war mitten im Schreiben eines neuen Buchs, mit einem Abgabetermin Anfang November. Am Schreibtisch sitzen ging nicht mehr, ich zog um auf den Futon. Mit dem Rücken an der Wand konnte ich das Bein ausstrecken, vor mir ein kleines Tischchen. Legte ich mich in die Badewanne, musste die Freundin mich herausheben: 75 Kilo, begleitet von lautem Geschrei.

Ich will nicht klagen. Bisweilen – wer weiß, warum – gab die Pein für eine Stunde Ruhe, und ich war imstande, die Seligkeit zu genießen, die ein Opioid dem Körper schenken kann.

Corona war gnädig mit mir, nie erreichte das Virus meinen Rachen. Trotzdem, die Kollateralschäden waren beträchtlich – vom Reiseverbot nicht zu reden. Von den drei weiteren Skandalen gewiss: die geschlossenen Cafés – wo sonst täglich lesen, sprich, anderer Leute kluge Fundsachen entdecken? Die verriegelten Kinos – wo sonst so folgenlos denken, fühlen und weinen dürfen? Und der größte Skandal: das Auftreten jener Hanswurste, die unter dem Pseudonym »Querdenker« lautstark bewiesen, dass man hirntot sein und sich gleichwohl bester Gesundheit erfreuen kann.

Ich hielt durch, das Manuskript landete rechtzeitig auf dem Schreibtisch der Verlegerin, und ich humpelte – Orthese am Bein und die Krücken in beiden Händen – brav und regelmäßig zum Physiotherapeuten. Und hörte nicht auf, trotz gemeiner Verrenkungen, mich jeden Tag eiskalt zu duschen. Vor langer Zeit hatte ich beschlossen, an keinem Tag Opfer sein zu wollen.

Wem ich diese Sturheit verdanke? Den acht Monaten, die ich als junger Kerl in einem japanischen Zenkloster verbracht hatte. Mein Ziel war, weder Buddhist zu werden noch das Göttliche zu finden. Ich versuchte etwas viel Anstrengenderes, ich wollte mein Leben in den Griff bekommen.

Aller Anfang war schwer, auch damals in Kyoto. Denn sogleich musste man damit beginnen, sich von einer seiner Lieblingsbeschäftigungen zu trennen: sich rastlos in Selbstmitleid zu baden und blindlings andere für die eigenen Abstürze haftbar zu machen. Jetzt hieß es, das Spiel der Infantilisierung zu unterbrechen und zu lernen, als Volljähriger aufzutreten. Als einer, der Verantwortung übernimmt für das, was er sagt, und für das, was er tut. Das würde dauern, hieß es. Und es dauerte.

Zen ist nicht für jede und jeden die Antwort. Ein Amerikaner, nur wenig älter als ich und der zweite Ausländer im Kloster, nahm sich in seiner Zelle das Leben. Natürlich war die Praxis der Meditation nicht der Auslöser der verzweifelten Tat. Philip war schon mit Depressionen hier angekommen. Und dagegen braucht es andere Mittel, kein stilles Sitzen auf einem Kissen erlöst aus einem solchen Leid. Im Gegenteil, das Maß an Strenge und die endlosen Stunden vollkommen verschwiegenen Versenkens werden die Einsamkeit verstärken.

Viele Jahre später sah ich *Bohemian Rhapsody*, den grandiosen Film über Freddie Mercury. In einer Szene gibt der Vater dem jungen Freddie drei Regeln mit: »Good thoughts, good words, good deeds«, was in Zen-Sprache übersetzt weniger moralisch klingt: *Klare Gedanken, klare Worte, klare Handlungen.*

Wer exakt denkt und das Gedachte exakt formuliert, darf damit rechnen, dass er in einer Weise handelt, die seinen Vorstellungen und Wünschen am nächsten kommt. Natürlich, auch Intuition kann helfen. Aber ich bin nicht sonderlich begabt dafür, ich traue mehr dem Verstand.

Corona hat gezeigt, wo man landet, wenn man das Denken einstellt und »gefühlten Wahrheiten« vertraut: auf der Intensivstation oder in der Urne.

In den langen Monaten der Plage erinnerte ich mich oft an ein Wort des Roshis, des Abts im Kloster. Nicht, dass ich jeden Tag stark genug gewesen wäre, um es mit dem Satz aufzunehmen. Doch er diente als Vademecum, als sanfte Peitsche. Damit ich nicht zum ambulanten Tränensack mutiere: »Die meisten begreifen alles, was ihnen widerfährt, entweder als Segen oder als Fluch. Manche sehen darin eine Herausforderung.«

Das Handwerk des Lebens

Vor einiger Zeit stand ich vor meinem kambodschanischen Schuster. Mit der Bitte, die Stiefel neu zu besohlen. Vor einem Jahr hatten wir uns das letzte Mal gesehen. Wir mögen uns, er hat Witz. Ich setzte mich auf den Kundenhocker und fragte ihn, wo er die vergangenen zwölf Monate gewesen sei. Und mit einem feinen Sinn für Lakonik antwortete Song: »Here.« Die Nächte zu Hause bei Frau und vier Kindern. Und die Tage hier, auf einem Trottoir in Phnom Penh. Wäre ich achtsamer, hätte ich mir die Frage sparen können. Wo sonst sollte der arme Teufel sein Leben verbringen? Wenn nicht täglich auf seinen zwei Quadratmetern, mitten in der hübsch abgasversauten Hauptstadt?

Himmel, habe ich ein Glück! Das ich gewiss nicht verdiene und für das ich mich in keinem Moment schäme. Und nicht eine Sekunde lang bemitleide ich Song. Wie stets strahlt er Gleichmut aus, so eine lässige Zufriedenheit. Bin mir nicht sicher, wer beneidenswerter ist, er oder ich?

Ich will mich nicht beschweren. Ich darf in der Welt herumfahren und nach Frauen und Männern suchen, die mir einen Blick in ihre Seele gewähren. Viel inniger kann es zwischen zwei Wildfremden nicht werden. Jemand erzählt aus seinem Leben, und ein anderer hört zu.

Mir ist allemal recht, wenn Sprache Gefühle auslöst –
auch die bitteren, auch die todtraurigen. Ich will nicht
ausweichen, keinem Wort, keinem Gefühl. Ich mag
Menschen, die mich verwirren, die clever auf meine
Sicherheiten zielen.

Mich nach jeder Begegnung eine Spur intelligenter
bewegen: Wer könnte sich da beklagen?

Doch bisweilen täusche ich mich: Da sitzt ein Flach-
kopf, der nur Flachheiten preisgibt. Man bohrt, man
bohrt weiter, dennoch, nur Holzwolle kommt zum Vorschein. Dann verdufte ich. Alles ist willkommen, nur
kein Geleier aus 1001 Plattheiten. Wie sagte es Jack Ke-
rouac? »Life is holy and every moment is precious.« Den
Satz hat er mit der Keule geschrieben. Viele haben ihn
noch nie gehört.

Ob Sprache jene aufwecken kann, die schon tot sind,
bevor sie offiziell begraben werden? Zweifel sind erlaubt.

Irgendwann schreibe ich über sie, über all die, die sich
tatsächlich trauen, auch ihre Widersprüche, die Niederlagen und dunklen Zonen auszuhalten. Die sich nichts
weglügen. Und erkenne mich wieder. Nicht in allem,
aber fraglos hie und da. Jeder Mensch ist mein Niveau.

Vor nicht langer Zeit, während ich in meinen Mac
tippte, erinnerte ich mich an eine Zeile, die auf der Fas-
sade einer französischen Schule stand: »Schreiben heißt
das Glück suchen.« Von wegen, schreiben heißt das
Glück finden.

Beide Arten von Glück sind ein Geschenk. Einmal die
Nähe von Fremden, die mich an ihrem Schicksal teilhaben lassen, einmal sinnieren und Schreiber sein dürfen – hinter verschlossener Tür, unerreichbar, fern jeder
Stimme. Nur das unhörbare Summen des Computers.

Habe ich schon erwähnt, dass ich ein Weltmann bin? Ah, das pompöse Wort hat bei mir eine durchaus bescheidene Rechtfertigung: Ich bin es, weil ich in die Welt verliebt bin. Wie jeder sich einen Weltmann (oder eine Weltfrau) nennen darf, der mit einem Freundschaftsvertrag in der Tasche loszieht. Die Erde als Freund.

Der Satz klingt wie ein Märchen, denn unser Ein und Einziges, unser Planet, hat eine Menge Feinde, unheimliche Feinde. Die vor Urzeiten beschlossen haben, dass zu viel niemals genug sein kann. Gnadenloses Wachstum als Antwort auf die Leere in uns, die wir nicht loswerden.

Wer heute seinen Rucksack schultert, der muss auch die klaffenden Wundstellen verkraften, die Mondlandschaften, die Betonwüsten, die dahinsiechenden Wälder, die Meere, die Flüsse, sie alle ächzen unter einer namenlosen Gier. Der unsrigen.

Ich will kein Robinson Crusoe sein, der sogleich plant, seine Insel zu kolonisieren. Will lieber Marco Polo nacheifern, der stets nur zeitweise Gast war, nie Beutemacher, nie Aggressor, nie einer, der erobern musste. Er wollte nur schauen, nur wissen, nur begreifen. Und immer staunen. Über jedes Weltwunder, an dem er vorbeikam.

Moral predigen ist ätzend. Nicht vieles ödet rabiater an als Texte, die mit dem erigierten Zeigefinger verfasst wurden. Wer will schon belehrt werden? Vielleicht funktioniert verführen. Mit Worten, die ganz nebenbei, eher nachlässig eine Idee verbreiten, die zu mehr Sanftmut anstiftet. Damit wir abrüsten und weniger radikal auf die Natur einprügeln.

Ich versuche stets, meinen pädagogischen Eros zu zügeln. Und scheitere, oft. Wie jetzt: Wer immer hier mitliest, *messieurs-dames,* ich will Sie zur Liebe zur Welt und zur Liebe zum Reisen überreden. Sagen wir, so reisen, dass die Welt dabei nicht vor die Hunde geht. Früher hätte ich an dieser Stelle ein paar Hardcore-Regeln abgefeuert, überzeugt, dass Zorn die Zustände ändert. Wie vermessen, wie müßig. Heute verstecke ich mich hinter einem, der es besser kann als die meisten von uns, hinter Antoine de Saint-Exupéry. Der Franzose, der Schriftsteller *(Der kleine Prinz),* der Verwegene und Pilot, der mit vierundvierzig Jahren bei einem Aufklärungsflug vor der Küste von Marseille von einem deutschen Jagdflieger abgeschossen wurde. Er notierte einmal: »Wenn du ein Schiff bauen willst/So trommle nicht die Menschen zusammen/Um Holz zu beschaffen/Aufgaben zu vergeben und die Arbeit einzuteilen/Sondern lehre sie die Sehnsucht nach dem weiten, endlosen Meer.«

Das ist umwerfend klug. Und ohne einen Funken Wut geschrieben. Was für künftige Seeleute gilt, soll auch für alle acht Milliarden Einwohner der Erde gelten: Wer seinen Wohnort liebt, unseren unvergleichlichen Globus, ihn achtet, sich nach ihm sehnt, der wird ganz selbstverständlich mit Respekt und Bewunderung mit ihm umgehen. Wem derlei Liebe fehlt, der wird über ihn herfallen, der wird ihn sich – bereits in der Bibel steht der Aufruf zu diesem Verbrechen – »untertan« machen. Und Untertanen behandelt man schäbig, man beutet sie aus, denn ihr Wohl verspricht null Mehrwert.

Die einzige Gier, die keine Spur der Verwüstung hinter sich herzieht, ist die Neugier. Sie will nicht haben, sie will sein, will näher kommen den Myriaden Rätselhaftigkeiten.

Wir lesen oder hören, was wir durchaus bejahen. Heimlich geben wir dem Autor oder der Autorin recht, die uns auf dunkle Ecken – Verzagtheit, Bequemlichkeit, Angst – in unserem Leben hinweisen. Er (sie) spricht etwas aus, was uns alle angeht. Heftiger als uns lieb ist. Aber wir schieben den Mahnruf weg, Ausflüchte sind prompt zur Hand, und der Teufelskreis der Routine lässt uns nicht los. Eisern. Eisern lang. Bis wir am Ende unserer Tage in Tränen ausbrechen über die Sehnsüchte, die wir stillschweigend begruben. *Long ago.*

Zuletzt die Geschichte von einer, die es sich anders überlegte. Grandios anders. Eine gute Geschichte, die tatsächlich davon erzählt, was uns Rilke schon vor Urzeiten aufgetragen hat: »Du musst dein Leben ändern!«

Und das beginnt mit der Sprache. Sprache als Herzschrittmacher. Und sei es der innere Monolog, bei dem wir mit uns selbst reden. Wo ein Mensch unhörbare Pläne schmiedet. Weil er mit dem, was er an Leben hat, nicht zufrieden ist. Wer nun über genügend Entschiedenheit und Willen verfügt, der setzt um, was er sich ausgedacht hat. Jeder kennt das mitreißende Gefühl, wenn aus vagen Worten Wirklichkeit wird, wenn man imstande ist, eine über viele Jahre eingeschlagene Richtung zu verlassen und sich woanders hinzutrauen. Mit der unwiderruflichen Absicht, dort anzukommen, wo es lebensfroher zugeht, sinnlicher, mit gewiss weniger Stumpfsinn.

So ist nun die Stunde von Mariella gekommen, die mir eine erstaunliche Mail schrieb, ihr erster Satz: »Sie haben mich infiziert, Herr Altmann.« Das ist kein schöner Anfang, aber ich sollte gleich erfahren, dass sie ihn ganz und gar bildlich meinte. Nun, sie habe, so fuhr sie

fort, ein Buch von mir gelesen und dieses Buch – eine
Reise durch Indien – habe ihr »den Rest gegeben«. Es sei
das Streichholz gewesen, »um die Lunte anzuzünden«.
Die das Fass in ihr sprengte, ein Fass voller Wut und
Depressionen und beschädigter Träume. Bestimmte Ab-
sätze seien »wie Peitschenhiebe« auf ihr gelandet.

Okay, der Autor infiziert, gibt den Rest, legt Feuer und
peitscht seine Leserinnen und Leser!

Auf jeden Fall habe sie drei Tage nach der Lektüre
angefangen, ihr altes Leben abzureißen, sprich, konkrete
Schritte unternommen, um allem Unglück zu entrinnen:
der faden Stadt, der faden Ehe, dem faden Beruf. Und
ein paar Monate später war sie alles los, auch das Haus –
auch fad. Und ging davon.

Mariellas Mail kam mit einem Foto. Da sah man die
vielleicht Fünfzigjährige in der Hütte ehemaliger Men-
schenfresser sitzen. Mitten in Borneo. Sie lächelte trium-
phierend. An den Rand des Fotos hatte sie ein Zitat von
Kurt Tucholsky gekritzelt (es stand im Indienbuch):
»Und höre nachts die Lokomotiven pfeifen, sehnsüchtig
schreit die Ferne, und ich drehe mich im Bett herum
und denke: Reisen …«

Das Mädchen am Fluss

Irgendwo in Indien an einem Flussufer. Durch die Mangobäume glitzert die Sonne auf das träge Wasser. Dasitzen und stumm sein. Wann immer ich kann, gehe ich Flüsse anschauen. Ruhe kehrt ein.

Frühabends kommen die Leute aus der Stadt, Arbeiter mit ihren Familien. Plötzlich liegen viele Fahrräder herum. Ausgelassene Vertreibung der Stille. Kleiderhändler packen aus, andere verkaufen Schmuck, eine Bretterbude wird zum Café. Zwei junge Kerle und ein Mädchen machen Musik. Ihr einlullender Singsang schwebt durch die Dämmerung. Er passt zur Temperatur und dem Licht der Stunde.

Als sie mich sehen, bin ich überführt. Als Millionär. Sie lachen und machen Zeichen, ihnen Geld zuzuwerfen. Ich warte, lächle zurück. Will wissen, was passiert.

Die Kleine mit dem zerschlissenen Kleid löst sich aus der Gruppe und nähert sich mir. Um ihren Nacken läuft ein Band, an dem eine Bongo befestigt ist. Sie hört nicht auf zu spielen. Sanft und gleichmäßig trommelt sie auf das Leder.

Aus der Zehnjährigen (?) wird eine Kindfrau. Ihr makelloses Gesicht, den Mund leicht geöffnet, die Zunge an der Unterlippe, sieht sie mir in die Augen. Ganz da, ganz abwesend. Als würde sie so vieles versprechen. Ein leerer, geheimnisvoller Blick. Sie spielt Verführen – zu Dingen, von denen sie nichts weiß. Intuitiv ahnt sie bereits die Macht ihrer Schönheit

Aber ja, alles geplant, alles inszeniert. Was die Intensität des Augenblicks nicht schmälert. Irgendwann ziehe ich meine Börse mit den Münzen hervor. Souverän fischt das Mädchen die Rupien aus der Luft, gönnt eine letzte Sekunde – und hat mich vergessen.

Beruf Reisen: 82 Behauptungen

Kleines Vorwort: »Reisen bildet«, meinte unser aller Übervater Goethe. Nicht unbedingt. Ich kenne Leute, die haben schon mehrmals den Planeten umkreist und kamen dennoch einfältig wie eh zurück. Wer keine Neugier einpackt, der bleibt besser zu Hause. Ach ja, die Scheuen habe ich ebenfalls getroffen, die lieber hierbleiben und nicht fortgehen. Und so manche waren voller Esprit, wissenshungrig, teilnehmend am Lauf der Welt. Man kann folglich überall geistreicher werden, selbst in der stillsten Kammer. Ich mag beides, vollkommen allein sein zwischen vier Wänden und weglaufen in die Welt – hin zu den anderen. Aber ja, ihnen verdanke ich meinen Beruf. Ohne sie hätte ich nichts zu melden.

1

Das macht den Glanz des Reisens aus: die Begegnung mit außergewöhnlichen Frauen und Männern, die Begegnung mit ihrer Geschichte, ihrer Revolte, ihrem Traum von einer anderen Zukunft.

2

Reisen. Und hinterher darüber schreiben. Am besten ohne die roten Flecken auf den Wangen. Ohne sich ergriffen hinzuknien vor dem, was man gerade notiert hat.

Ohne in jedem Absatz mit einem Superlativ um sich zu werfen. Ach, diese Kraftmeier, die »durch die Hölle gehen«, die jeder Schritt »ins Ungewisse führt«, ja, die sich – unheimlich komisch – »jeden Tag neu erfinden«. Bei einem dieser Recken las ich, dass er »routiniert am Abgrund balanciert«. Uff! Ich weiß, worüber ich hier lästere: Es gab eine Zeit, in der ich mich ähnlich triumphal inszenierte.

3
Bin sklavisch abhängig von der Realität, von dem, was mir die Welt an Geschenken und Zumutungen überlässt. Und die schreibe ich auf. Schenkt mir die Welt nichts, bin ich am nächsten Tag arbeitslos. Noch nie döste ich selig unterm warmen Plumeau, und der Plot eines Romans kam über mich. Bis jetzt kam nie etwas, heißt: Immer musste ich das Bett verlassen und losziehen.

4
Vor langer Zeit saß ich im Fond eines Autos und schaute auf Peru. Und führte, wie all die Jahre, Tagebuch. Und mittendrin, ohne nachzudenken, schrieb ich auf, dass es mein heimlichster Wunsch sei, zu reisen und zu schreiben: über die Welt und die Weltbewohner. Als Gipfel des Glücks. Wo kein Alltag mich erschöpfe, kein müdes Herz mich durch ein müdes Leben begleite, ja, wo ich mich mit dem Elegantesten beschäftigte, was die Deutschen erfunden haben: ihre Sprache.

5
Die Kunst des Reisens, das ist die Kunst, den anderen zu verführen: auf dass er (oder sie) für kurze Zeit ein Freund

wird, sein Wissen ausbreitet, mich teilhaben lässt an seinem Leben. Dass wir gemeinsam das *ii kimochi* – so nennen es die Geishas in Japan – herstellen, das gute Gefühl: Wärme.

6

Hat ein Traveller gelernt, sich auf den gegenwärtigen Moment zu konzentrieren, ist er fest entschlossen, den Schafsnasen auszuweichen, die vor jedem Ziel Tripadvisor befragen, um dort zu landen, wo der große Haufen schon angekommen ist, hält der Mensch es zudem aus, nicht jede halbe Stunde per WhatsApp Mutti und Vati und den daheim hockenden *friends* eine Nachricht zu schicken, die sie unter anderem darüber aufklärt, dass er gerade eine Hühnersuppe löffelt, wenn so einer – jetzt wird es anstrengend – mit Alleinsein, mit Zweifel und Ungewissheit umgehen kann und zu guter Letzt über das unüberhörbare Talent verfügt, sein Dasein in der Welt und seine Ansichten über die Welt in bewegende Sprache zu übersetzen, dann, ja, dann sind Vagabundieren und davon Erzählen die rechte Beschäftigung für ihn. Für sie. Für wen auch immer.

7

Ich gehöre zu den Weicheiern, die sich vor Gewalt fürchten. Zudem heule ich zwanzigmal pro Tag einer Tugend hinterher, die verschwunden scheint. Oder nur noch als Restposten vorkommt, sporadisch, zufällig. So habe ich schon vor Jahren beschlossen, ihn, den Rest, zu retten, bescheidener formuliert, jenem kleinen Häuflein Verwegener beizutreten, die ohne sie, ohne diese schöne Tugend, nicht leben wollen, nein, nicht können:

die Freundlichkeit. Als Reisender erst recht nicht. Als Heimatloser mitten unter fremden Frauen und Männern, fern aller Freunde, fern aller beruhigenden Fixpunkte, bin ich wie ein ausgesetzter Hund von ihr abhängig: *the kindness of strangers*. Ohne sie vereise ich. Jeder Akt der Unfreundlichkeit macht mich einsamer. Weil die Nähe zum anderen, so kurzfristig, so flüchtig die Begegnung auch sein mag, nicht funktioniert. Die Wärme fehlt, das Spielerische, wieder einmal der Swing.

8

Die schöneren Gefahren sind jene, die man überstanden hat. Weil sie einen daran erinnern, wie verletzbar man ist und wie leicht unser kostbarster Besitz abhandenkommen kann: die Freiheit, der Körper, alles. Mit einem Schlag wird uns klar, wie einmalig es ist, am Leben zu sein – heil, vollständig, frei.

9

Ich streune durch Assuan. Wie ein Hund nach Fressen sucht, suche ich nach einer Geschichte – die die Neugier sättigt, den Hunger nach den Gedanken anderer.

10

Auf dem Weg zu Fuß von Paris nach Berlin waren zwei Personen unterwegs. Eine war ich, der Privatmensch. Mit dem missmutigen Magen, dem Hunger, dem Durst, den Flüchen. Die andere war der Schreiber. Der war hochzufrieden, er lobte den Hunger, den Durst, den Zorn. Sie garantieren ihm Arbeit, ja, das Recht zu schreiben. Was erzählen über einen Satten, den nichts heimsucht?

11

Selten reise ich als »offizieller« Reporter. Ich bin meist einer, der zufällig in der Gegend herumsteht. Erzählte ich meinem Gegenüber, dass seine Sätze später gedruckt würden, er (oder sie) reagierte verschreckt. Und verstummte. Oder dramatisierte. Deshalb bin ich der Harmlose. Dem man sich anvertrauen kann. Denn die Wahrheit ist scheu, sie hält sich versteckt. Man muss tricksen, um sie aufzustöbern. Weiß sie doch, was sie anrichten könnte, wenn sie ans Licht käme.

12

Das sind die Sternstunden des Reisens: Fremder sein dürfen, kein Alltag, jeder Tag ein anderer Tag. Und jeden Abend ein paar Millimeter weniger dumm und ein paar Millimeter reicher im Kopf. Zudem auf beschwingte Weise den Gedanken aushalten, dass man so vieles noch immer nicht begriffen hat. Oft bedrückt diese Gewissheit – des Nichtwissens. Oft treibt sie an. Weil sie die Garantie dafür ist, dass einem die Lebensfreude nicht ausgeht, dass sie einen begleiten wird, solange man scharf auf die Welt ist.

13

Ich will reisen wie einer, der sich auf Zumutungen einstellt. Wie einer, der ein Land nicht als Solarium begreift, sondern als Territorium, dessen Einwohner ihm etwas beibringen. Über sie, über mich, über den Stand der Dinge.

14

Reisen ist immer auch ein Versprechen, die fabulöse Möglichkeit, sich bewusst zu werden, was der Globus alles zu bieten hat: an Wahnsinn, an Mirakeln, an Wohltaten und Schandtaten, an weitschweifigsten Ideen und engstirnigsten Verirrungen.

15

Als professioneller Reisender, als Reporter, bin ich meist allein unterwegs. Weil ich die Hure sein will. Weil ich will, dass jeder (und jede) mich anmacht. Und ich jeden anmachen kann. Weil ich anschaffen gehen muss, Geschichten anschaffen. Oft auf die Schnelle, leider. Muss anstiften, muss den anderen, den Fremden, dazu bringen, dass er redet, weiterredet. Und dazu braucht es Intimität, braucht es nur zwei. Jeder Dritte ist zu viel.

16

Viele solche Orte gibt es: Man will sie genießen und nie wiederkommen. Nicht anders bei bestimmten Frauen und Männern. Eine heftige Begegnung und dann weiter, mit Dankbarkeit. Doch kein Funken Sehnsucht zieht zurück.

17

Ich sehe drei seltsame Gestalten und brauche ein paar Sekunden, bis ich sie als das erkenne, was sie sind: Touristen. Meine ersten drei in Palästina. Und da ich ein schlechter Mensch bin, muss ich laut lachen. Denn der Anblick ist so überraschend, kommt so unvorbereitet: *hardcore tourists*, mit Frotteehüten, Shorts und den bauchbaumelnden Kameras. Kein Klischee, dem sie entsagen. So ein Trio sieht schon in »normalen« Ländern bizarr aus, hier aber hat es etwas Groteskes.

18

Wie lange musste ich reisen, um eine so klare Definition
zu hören: »Ach, nur ein Reisender«, so beschrieb mich
einst ein Schaffner in Afrika. In seinen Augen verdiente
ich nicht den Titel »Tourist«. Wie recht er hatte. Denn
der Tourist ist reich, will den Luxus, gibt aus, kauft ein,
beeindruckt. Der Reisende beeindruckt niemanden. Er
hat nichts. Nur seine Neugier und den viel geschundenen Rucksack. Die will keiner. Beide sind unverkäuflich.

19

Reisen ist wie Geschenke einsammeln. Wer Glück hat,
der geht jeden Tag – überhäuft damit – schlafen. Luft-
leichte Geschenke, die alle Platz haben im Kopf, im Herzen. Und man kann sie ein Leben lang auspacken und
bestaunen.

20

Es war dieser Freitag, hier ein Feiertag, die stille Stadt
döste unter einem gleißenden Himmel. Ich liebe solche
Augenblicke. Vollkommen fremd sein, niemanden kennen, keinen Plan in Händen halten. Nur da sein, nur bereit sein für das, was kommt. Ich gehe eine der Straßen
entlang, keine Ahnung, wohin sie führt. Diese Ungewissheit ist bisweilen ein berauschender Zustand. Weil
sie Weltvertrauen signalisiert, weil sie eben nicht Furcht
einflößt, eher das Gegenteil: Leben, Zutrauen, Jetzt.

21

Nein, Reisender, du musst nicht alle mit Herzensglut
umhalsen, auch vor keinem mit Ergebenheit niederknien, ach, es reicht völlig, wenn du jedem, der dir nahe-

kommt, in die Augen blickst und ihn – Ratschlag meines Zenmeisters – »just fucking normal« behandelst: mit Respekt, mit Gleichmut.

22

Aber beim Reisen kommen Stunden, da entgleist mir die Gegenwart, und ich halte sie nicht mehr aus: nicht die Verrohung, nicht den Verlust an Eleganz, nicht die Gewalt, nicht die Infantilisierung, nicht das Gebrüll nach Wachstum, nicht – nur konsequent – das Totschlagen der Natur. Dann bin ich jämmerlich, dann bin ich k. o. Bis der Moment kommt, in dem ich wieder unbelehrbar verliebt bin ins Leben. Und losrenne in die Welt.

23

Mir reicht keine Stadt, kein Land, ich suche überall auf dem Globus nach etwas, an das ich den Sticker »Heimat« kleben kann. Jeder Fund beruhigt mich in einem Universum, durch das wir mit 107 000 Kilometern pro Stunde rasen. Eher ziellos, eher verloren. Und da ich an eine himmlische Heimstatt mit einem Himmelsherrscher mittendrin nicht glaube, mir diese ultimative Heimat stets als Hirngespinst erschien, bleibt mir nichts als die Erde und ihre Bewohner. Hier muss ich heimisch werden. Gelingt mir das, bin ich das geworden, was mir seit meiner Jugend als Traum durch den Kopf schwirrt: ein Weltbürger. Das wäre einer, der in der Welt zu Hause ist.

24

Was tun? Das Einzige, was so ein Unternehmen – noch ein Buch veröffentlichen – rechtfertigt: Der Reporter wirft einen eigenmächtigen, auch provozierenden Blick auf alles, was ihm über den Weg läuft. Auf alles, was an ihm vorbeizieht, was ihn entflammt und mitreißt, was ihn heulen lässt und bitter sein, auf alles, was seine Begabung zur Menschenliebe und Freundschaft weckt, was seine Wut und Verachtung provoziert, auf alles eben, was (weltwachen) Menschen gemeinsam ist: die Neugier auf das Leben anderer.

25

Jeder, wenn er sich nur traut, wird beim Wahrnehmen der Fremde etwas über sich begreifen, selbst das Wunderlichste, das Verborgenste. Reisen ist auch eine Reise nach innen.

26

In einem Zeitungstext über das Reisen fordert der Autor uns Leser auf, »in Demut unterwegs zu sein«. Was für ein Blech! Als Büßer durch die Welt? Nijet! Ich habe einen anderen Rat in petto: Reise selbstbewusst – mit einer grundsätzlich freundlichen Ausstrahlung.

27

In einem Interview mit einem bekannten Kollegen las ich, dass er sich als »eine Stimme für die Armen« sieht. Aua, ich zittere immer ein bisschen, wenn jemand als Heilsbringer durch die Welt reist. Als moralische Instanz. Denn ein paar Tage bei den Elenden abhängen, dabei Geschichten kassieren, für die man später bezahlt und berühmt wird, und ja – welch Glück – nach dem Zuhören wieder verduften darf: Das alles sind Nachrichten aus einem Luxusleben, das mit der Existenz der Abkratzer wenig, falsch, nichts zu tun hat. *Tell their story!*

Und dann Punkt. Ohne Nachsatz, ohne uns – getragen von pathetischem Gedöns – von der eigenen Hochanständigkeit zu berichten.

28

Ironie soll mich retten. Und Leichtigkeit. Keine Sorge, ich bin auch heute kein Gutmensch, der sich jeden und alles schönredet. Wir haben immer nur Frauen und Männer, denen man sich nah fühlt, und andere, an denen man achtlos oder grimmig vorübergeht, und wieder andere, die man gern zu seinen Freunden zählen würde.

29

Weit hinter dem offenen Fenster sehe ich einen Bauern mit einem roten Sonnenschirm neben seinem Ochsen stehen. Der Kleine lehnt sich an den Großen. Der rote Fleck, der gelbe Himmel, die beiden mitten in der leeren Landschaft. Ich schließe die Augen und fotografiere das Bild. Ein virtuelles Foto, sogleich ziehe ich es auf meine Großhirnrinde, die hungrige Festplatte. Wie die tausend mal tausend anderen Bilder wird es mich nähren bis ans Ende meiner Tage.

30

Der Massentourismus verdirbt alle, die Besucher und die Besuchten. Jeder Reisende weiß das und ist dafür verantwortlich. Klar, ich auch. Dagegen hilft kein Murren, kein Lästern, da hilft nur der endgültige Vorsatz, gewissen Orten in Zukunft aus dem Weg zu gehen. Sie sind verloren, entzaubert bis zum Jüngsten Tag.

31

Jeder hat das Recht, sich an den 1001 mal 1001 Wundern der Welt zu berauschen. Jeder Einzelne. Nur nicht die Masse, die hat es nicht, nie. Sie macht sie platt, walzt sie nieder. Bei ihrer Ankunft geht jedes Wunder in die Knie und verkommt zum Spektakel.

32

Eine der größeren Seligkeiten des Reisens ist das nächtliche Schlendern durch eine fremde Stadt. Jeder Schatten, jedes Gesicht, jedes Geräusch ist neu. Wie die Stille, wie der Klang der eigenen Schritte.

33

Weiter durch die Vorstädte, eine nach der anderen. In jeder wird man von der elenden Vorstellung heimgesucht, hier leben zu müssen. Himmel, wer will hier einziehen, aus freien Stücken? In diese Öde, in diese Häuser, in denen man nur als Selbstmörder oder Selbstmordattentäter hausen kann.

34

Reisen bildet. Und wären es nur Einblicke in die eigenen Abgründe.

35

Noch radikaler erwischt es nach einer langen Reise meine Augen. Sie werden blind. Sie sehen und sehen doch nicht, weigern sich, neue Bilder aufzunehmen. Sie sind vollgeladen wie der digitale Speicher einer Kamera. Doch im Gegensatz zu dem Hightechgerät hat das menschliche

Hirn keine Ersatzspeicherkarte, um das nächste belichtete Material zu sichern. Auch lassen sich die (belanglosen) Bilder im Kopf nicht löschen, um Platz zu schaffen. Sie bleiben, wie Sperrmüll. Ich komme mir dann vor wie ein mit Tonnen von Nahrung Zwangsernährter, den die Angst jagt zu explodieren. Keinen Bissen (Welt) will ich mehr. Nur noch verdauen: schreiben.

36

Der Mensch muss hinaus in die Ferne, um die Nähe besser zu begreifen. Wie einer verschiedene Liebschaften gelebt haben sollte. Um zu wissen, was die Liebste oder der Liebste wert ist. Reist man klug, kommt man klüger daheim an. Mit weniger ewigen Wahrheiten und mit mehr Wirklichkeit im Kopf, mit weniger Nägeln in der Schädeldecke und einem gründlich durchlüfteten Hirn – durchweht vom Duft der weiten Welt.

37

Ich mag den Gedanken vom Reisen als Fluchtbewegung. Lieber entkommen als zum Trainieren eines öden Berufs antreten. Lieber Streuner als Büroleiche.

38

Lord Byron sprach von der »sehnsuchtsvollen Leere«, die uns in die Welt treibt. Um diese Leere mit »zügellosen, heftigen Unternehmungen« zu stillen. Denn »das große Ziel des Lebens ist das Empfinden, dass wir existieren«. Ich höre diese wilden Sätze gern. Auch weil sie frei von aller Moral sind. Auch weil sie nicht trösten, vielmehr provozieren.

39

Da ich mit wenig auskam, konnte ich reisen. Weit weg in die Welt. Auf der Suche nach meinem Glück, auf der Flucht vor meinem Unglück.

40

Nie will ich Souvenirs kaufen, nie ein Ding, das behütet, abgestaubt, ja bewacht werden muss. Nie etwas, das man nach Hause schleppt, das mein Leben verbarrikadiert. Nichts davon soll mir gehören. Nie habe ich ein Eigenheim besessen, nie einen Quadratmeter Land, nie eine »Immobilie«, nie etwas Unbewegliches. Meine Andenken, meine Erinnerungen sind virtuell, mehr oder weniger konfus auf mein Herz, meine Großhirnrinde und die Festplatte meines Macs verteilt.

41

So wäre die erste Regel: Haus und Hof zu verlassen und das Weite zu suchen. Und umgehend nach jenen Frauen und Männern Ausschau zu halten, die von den Geheimnissen und Heimlichkeiten, von den Tiefen und Untiefen der menschlichen Seele wissen. Nach dieser Nähe kann man sich nicht früh genug auf den Weg machen.

42

Ich will wieder am Abend auf dem Mauervorsprung sitzen und den Himmel sehen. Wie er zu Seide wird und sich mit phänomenaler Gleichgültigkeit bewundern lässt. Ich mag diese Ungerührtheit. Weil sie alle Hoffnung verbietet, weil sie stets daran erinnert, dass wir nur die eine Welt haben. Nichts anderes, um Schutz zu suchen.

43

Wenn ich ein Land betrete, gehört es mir. Je schöner das Land, desto beharrlicher meine Besitzansprüche. Das ist ein Naturrecht, von dem ich zum ersten Mal bei Walt Whitman las: »The East and the West are mine/The North and the South are mine.« So will ich es machen wie er – nicht Amerikaner sein und nicht Deutscher, nur Mitinhaber dieser Erde. Durchaus überzeugt, dass sie mir so unwiderruflich zusteht wie all den anderen, die sie mit mir teilen.

44

Reisen ist ein effizientes Mittel, um einen Blick zu riskieren: in seine Seele und – wenn der Reisende nur genügend Nerven mitbringt – auf die Schatten über ihr. Die immer wieder aufziehen. »Gehen Sie in sich, wenn Ihnen nicht graust.« Der Satz stammt von Gottfried Benn. Ein rabiater Imperativ, der helfen könnte beim Entdecken längst versteckter Gefühle. Bisweilen kalter Gefühle, hochmütiger, nicht sehr menschenfreundlicher.

45

Fremdsein – und wer ist fremder als ein Reisender? – macht das Leben verwundbarer, vehementer. Man muss sich täglich neu arrangieren, für den Grind der Routine bleibt weniger Zeit. Die Gefahr, zweimal denselben Fehler zu machen, ist geringer. Die Chancen steigen, stets neue Irrtümer begehen zu dürfen. Das Herz verhornt langsamer, die Augen erblinden später, der Verstand, nicht eingelullt von den ewig gleichen Bewegungen des Körpers, weigert sich zu dösen.

46

46

Jedes Land stellt sich dem Reisenden entgegen mit der fremden Sprache, den fremden Gesichtern, den fremden Geheimnissen. Und der Fremde erfährt, wie er mit diesen Forderungen, Kollisionen und seinem Staunen fertigwird. Oder nicht fertigwird.

47

Auch wahr: faszinierende Nähe, gefährliche Nähe. Die Mutigsten unter den Reisenden – den bekennenden Flüchtlingen – kommen nach Hause und tragen ein paar Masken weniger. Sie sind sich begegnet.

48

Alle, die sich allein aufmachen, werden ab der ersten Stunde von einem Gespenst beschattet, das sich als hartnäckiger Weggeselle erweist: der Einsamkeit. Gegen sie heißt es sich wappnen. Daheim kann man der Einsamkeit ausweichen, sie besänftigen, sie zerstreuen, zu einem nahen Menschen sprechen. Sie geht dann nicht weg, aber sie nagt weniger stechend. All das kann der Reisende oft nicht. Er entkommt ihr nicht, er muss standhalten.

49

Niemand sollte vergessen, dass Zeiten kommen, in denen sich das Alleinsein wie eine Spritztour auf dem Glücksrad anfühlt, die man wie ein selig tapferes Schneiderlein genießt: Niemand nörgelt, niemand redet dazwischen, niemand verlangt Rücksicht, ja, man darf sofort stehen bleiben und bewundern oder sofort unbeeindruckt weitergehen. Und man schuldet keiner Frau und keinem Mann Rechenschaft, muss nicht lügen und nicht not-

lügen, ja, nie kommt die wild drängende Sehnsucht auf,
jetzt mutterseelenallein sein zu wollen – irgendwo mitten
in der Welt, wunderlich verführt von ihrem Glanz und
ihren Geheimnissen. Und, hat man nur Witz und Glück,
begegnet man – nach der gesuchten Einsamkeit – einer
Fremden, die über die Tage und Nächte tröstet, in denen
man die Nähe eines anderen bitter nötig hat.

50

Die Infantilisierung unserer Gesellschaft hat viele Gesichter. Eines davon: nicht mehr für sich sein zu dürfen,
dafür ununterbrochen behütet, ununterbrochen *connec-
ted*. Vielleicht auch ununterbrochen kontrolliert. Selbst
beim Reisen. Wo man doch wegwill vom Ranz des ewig
Gleichen, wo man doch nach Neuem hungert, nach
dem Unvermuteten. Aber nein, schon wieder hagelt es
WhatsApp-Nachrichten, eher trivial und überflüssig.
Millionen stalken einander. Noch im hintersten Winkel
der Welt ploppt es auf oder, noch grässlicher: klingelt es.
Für sich sein – und wäre es eine kurze halbe Stunde
lang – ist unzumutbar geworden. Auf den Schnuller in
der Hand will niemand mehr verzichten. Das scheint
mir so schauerlich, wie für alle Zeit zu vereinsamen.

51

Einer der Gründe, warum ich die Lebenszeit meiner
Mitmenschen schone, ist die schlichte Tatsache, dass ich
außerstande bin, alle drei Minuten einen klugen Gedanken zu produzieren. Auch nicht auf Reisen. Das meiste,
was mir täglich – selbst fern der Heimat – durch den
Kopf schwirrt, ist erschütternd banal. Warum also rastlos mich melden, wenn ich nichts Bemerkenswertes zu

melden habe? Ich bin ein durchaus rücksichtsvoller Zeit-
genosse.

52

Auch das passiert am Ende langen Reisens: Meine Geduld schwindet, mein Taktgefühl. An irgendeinem Ort
der Reise fällt mir auf, dass ich gefühlstaub werde, dass
mein Reservoir an Empathie leerläuft, der Reservetank
ist an, ja, dass ich dabei bin, das Grässlichste zu werden,
was aus einem werden kann: ein Gleichgültiger. Wenn
dieser Widerwille nicht aufhört, dann ist Zeit, den Rückwärtsgang einzulegen. Dann bin ich nicht mehr zumutbar. Nicht mir, keinem. Dann will, dann muss ich davon.

53

Reisende haben es leichter, mit Höflichkeit aufzufallen.
Weil sie ja hochgestimmt sind, weil sie sich in einem
Ausnahmezustand befinden. Sie dürfen die Welt besich-
tigen, während andere – die vielen anderen – nicht vom
Fleck kommen. Weil ohne Zeit, ohne Geld, ohne Kraft.

54

Folglich sollte ein Reisender mit einem kompletten
Werkzeugkasten unterwegs sein: einem virtuellen, einem
superleichten, unsichtbaren, ja, immer praktischen. Da
liegt alles bereit, was er im Laufe der Zeit erworben hat.
Das wichtigste Teil ist ein Wunderschlüssel, eine Art
Passepartout: so ein lässiger Swing, so ein elegantes Flair,
das er der Welt schenkt. Und um das sie ihn beneidet.
Gewiss, es gibt Weltbewohner, denen man damit nicht
imponiert. Mit dem Flair, dem Swing. Weil sie schon ver-
welkt sind, schon verhornt, schon fertig. Weil sie andere

gern für ihr Unglück büßen lassen. Dann muss man nach den spitzeren Werkzeugen fassen: nach Misstrauen und resoluten Worten, nach Tricks. Ja, im Notfall zu den schweren Bohrern greifen – Bestechung, Denunziation, cholerische Ausbrüche. Reisen ist kein Spaziergang durch ein SOS-Kinderdorf. Oft lädt es zum Tanzen ein, manchmal zum Catchen.

55

Novalis meinte einmal, die Welt müsse »romantisiert« werden. Um der Trivialität des Alltags zu widerstehen. Unterwegssein ist ein grandioses Mittel, um das zu finden, was die Engländer *romance* nennen: nur ein anderes Wort für Ergriffenheit, für Lebenslust, für das Beste, was einem passieren kann.

56

Bedenkt man die vielen Griesgrämigen und Trostlosen, Neidhammel und Wichtigtuer, denen man über den Weg läuft, dann ist zu vermuten, dass wir alle eine Prise Leichtigkeit und Menschenfreundlichkeit vertragen könnten.

57

Zug fahren, bin sicher, dass es in meinem Leben augenblicklich nicht schöner werden kann: lesen und dann innehalten, um einem bewegenden Satz nachzuspüren. Mich leicht von ihm betäuben zu lassen. Dann wieder auf das Land blicken und nach Minuten die Augen schließen, um – so ergriffen wie von den verführerischen Zeilen – das Wunder Welt zu verdauen. Es gibt ein Glück, das man nur unbeweglich erträgt. Wie eine Welle schwappt es durch den Körper.

58

Wäre ich nicht gereist, hätte ich einen wie ihn, wie Jamal, den Algerier, nie getroffen: der die Erdanziehung überwunden hat. Der schwebt. Der die Leichtigkeit des Seins erträgt, ohne zu glauben, dafür mit einem Unglück bezahlen zu müssen. Vermutlich streckt auch ihn bisweilen ein Jammer nieder. Aber der zieht keine Furchen in sein Herz, keine Verbitterung schwärzt ihm die Aussicht auf die Welt.

59

Als Kind war ich immer fasziniert von katholischen Priestern, die Frauen und Männern die Beichte abnahmen. Nicht, dass ich eine Sekunde geglaubt hätte, dass ein Wildfremder anderen Wildfremden ihre Sünden vergeben könnte, nein, es schien mir einfach ein ungeheures Privileg, sie dazu zu bringen, ihre Geheimnisse und Heimlichkeiten preiszugeben. Inzwischen bin ich selbst Beichtvater geworden, eben Reporter. Nur ohne Anmaßung. Auch muss niemand vor mir niederknien, im Gegenteil, meist biete ich einen Stuhl und ein Essen an. Und mich, einen Zuhörer, wie man einen aufmerksameren nicht finden wird. Dafür – was für ein Geschenk – öffnet der Mensch sein Herz.

60

Bin nur Reporter, der nichts anderes kann, als von den Taten – den fremden, den eigenen – zu berichten. Und da ich nie »zwecklos« reise, ist der Zweck immerfort: davon zu erzählen. Meist aus den anstrengenderen Gegenden dieser Welt. Läge ich wochenlang an der Côte d'Azur, wenig Aufregendes wäre zu vermelden. Abgesehen von meinem bronzefarbenen Teint. (Gut, auch der verschafft Ansehen, aber dafür werde ich nicht entlohnt.) Doch reisen und schreiben und zu allem Glück zuletzt Scheine kassieren: Das macht von Zeit zu Zeit ein bisschen schwindlig.

61

Reisen: sich die Elefantenhaut abziehen. Das hieße, verwundbarer werden, durchlässiger, ungeschützter. Die Sinne trainieren, die fünf, die sechs, die sieben. Auf Geräusche achten, leiseste Töne wahrnehmen, Pausen hören, geringste Unterschiede ausloten, Körperhaltungen dechiffrieren, Gesichter scannen. Aber ja, wie ein Oktopus durch ein Land reisen und dabei alles mitnehmen, was man auf sein Herz und sein Hirn herunterladen kann.

62

Lesen auf Reisen ist noch freudespendender als Lesen in gewohnter Umgebung. Irgendein Gefühl meldet sich – das Flair der Fremde –, das den Genuss an klugen Gedanken vertieft. Vielleicht ist es das beschwingte Bewusstsein, weit weg zu sein von der Fadheit des Alltags? Was jeden kleinen Superlativ rechtfertigt. Lesen dürfen, ohne dabei von der Aussicht gefoltert zu werden, hinterher einkaufen und als dreizehnter Kunde an einer Aldi-Kasse zuschauen zu müssen, wie Lebenszeit zuschanden kommt.

63

Ich treibe mich gern in der Nähe mutiger Frauen und Männer herum, immer von der Illusion getrieben, eine Unze ihrer Waghalsigkeit fiele auf mich ab. Zudem bin ich Reporter, und Reporter sind Räuber. Sie hören Storys und klauen sie. Um sie am anderen Ende der Welt zu veröffentlichen. Manchmal, um zu denunzieren, oft aber, um das Hohelied der Bewunderung zu singen.

64

Nach einem Abendessen mit einem Freund, ebenfalls Reporter, bei dem wir uns über die Metzeleien, die Redakteure an unseren Manuskripten verübten, in Rage geredet hatten, beschloss ich beim Verlassen des Restaurants, dass ich die bunten Heftchen satthatte und nur noch Bücher schreiben würde. Da in den Redaktionen zu viel Einflussnahme umging, zu viel Rechthaberei, zu viel Panik vor den Lesern, die man auf Biegen und Brechen vor gewissen Meinungen und Tatsachen schützen wollte. Die Seuche »politische Korrektheit«, diese feige Angst vor der Wirklichkeit, ging um. Geht um.

65

Das »Dagewesensein« gehört mir. Ich bewahre es als Trostpflaster. Für die mageren Zeiten. In denen kein griechischer Himmel auf rote Felsen strahlt. In denen das Herz nicht zittert, so hingerissen vom Zauber der Erde.

66

Mexiko. An manchen Tagen bin ich gleichgültig: sollen sie morden, sollen sie sterben, nur zu. Ist diese Härte eine Art Selbstschutz? Um die Wirklichkeit auszuhalten? An anderen Tagen bin ich freundlicher denn je, mitfühlender, so erschrocken von dem, was mich umgibt. Ja, dann suche ich nach Gründen, will herausfinden, warum sie wie Raubkatzen aufeinander losgehen. Als wollte ich ihre Schlächtereien rechtfertigen mit Hinweisen auf ihre glücklose Jugend, die soziale Not, den verrotteten Staat. Ich weiß, auch das ist nur ein eher hilfloser Versuch, mir die Welt zurechtzubiegen. Um nicht von ihrem Wahnsinn überwältigt zu werden.

67

Ich liebe es, Fassaden entlangzugehen und jene zu bewundern, die sie Jahrhunderte zuvor gezaubert haben. Architektur als Beitrag zur Lebensfreude. Ich kann hundert Meter gehen und nur nach oben starren. Meine Lieblingsstory aus *Der Struwwelpeter* war die Geschichte von Hans Guck-in-die-Luft. Und wie ihm widerfuhr mir manches Ungemach, weil ich oft den Boden aus den Augen verlor. Egal, bewundern, sagte Thomas Mann, sei die »segensreichste, die unverzichtbarste Leidenschaft«.

68

On the road. Ich habe es längst aufgegeben, mir irgendwelche Ausflüchte zurechtzulegen: Kommt mir ein Obdachloser entgegen, dann fällt mir zuerst ein, dass es mir besser geht als ihm und dass ich keinen einzigen intelligenten Grund weiß, warum er die Arschkarte gezogen hat und ich nicht. Also drücke ich ein paar Münzen ab. An manchen Tagen aber ziehe ich tatenlos vorbei – keine Zeit, kein Mitgefühl, keine Spende. Eiskalt halte ich es aus, dass ich gerade als Geizkragen unterwegs bin. Ein Zustand, der mir noch immer erträglicher ist als der eines Moralapostels, der sich seine Ungerührtheiten zurechtschwafelt.

69

Das Herz eines Reporters soll einer Blackbox gleichen, in der er alle Abstürze, alle Rätsel, alle Glückssekunden speichert – unauslöschlich.

70

Reisende kommunizieren leichter. Da oft allein, überwinden sie schneller ihre Scheu.

71

Reisen soll helfen, so Joseph Conrad, »to make you see«, *dich sehen zu lehren*. Auch die finsteren Ecken, auch da, wo der Blick das Herz aufschneidet, ja, den Lebensmut anfranst. Weil man die Welt mit Menschen teilen muss, die einem das Fürchten und Heulen beibringen.

72

Natürlich freue ich mich, wenn ein Fremder mich erkennt. Bedeutet es doch, dass er mich liest. Andrerseits fehlt mir jede Begabung zum Promisein, ich will mich nicht zum dämlichen Selfie aufstellen, ich will mich als Reporter absolut anonym bewegen.

73

Das menschliche Hirn ist unglaublich anpassungsfähig: Man vermag als Reporter, mit jeder und jedem anzubandeln, die/der dieses Geschenk – einen offenen Geist – abbekommen hat. Denn sofort verbinden Weltwissen und Neugier zwei Fremde. Da man umgehend erkennt, dass dem Gegenüber nicht Stroh aus dem Mund fällt, sondern schlaue Gedanken, überraschende, im Idealfall neue. Weil beide das Wesentliche – den Kopf voller

Welt – ja immer bei sich tragen. So einen Turm zu Babel, bei dem einer dem anderen beim Weiterbauen hilft. Und kein Sprachengewirr und kein Gott werden sie daran hindern. Und kein Spezialwerkzeug und keine Sonderausrüstung sind vonnöten. Das reicht: Zwei – oder drei oder viele – treffen sich, knipsen ihr Hirn an, und ein Feuerwerk blitzt in die Dunkelheit.

74
Reporter sind wie Spione. Sie horchen aus. Und jede Story ist willkommen, wenn sie zum Reichtum der Welt – und der Schmerz gehört dazu – beiträgt.

75
Erfahrungen sind – das ist eine kleine, ewige Wahrheit – an gefährlichen Plätzen eindringlicher. Weil man die Tage und Nächte eine Spur riskanter hinter sich bringt. Beim Shoppen in der Fußgängerzone von Quakenbrück bleibt es stets lauwarm. Was ja inzwischen unserer Lieblingstemperatur im satten Westen entspricht. Lauwarm bleiben und viel netflixen, so hört man, stehen zurzeit ganz oben auf der Rangliste der einschlägigen Bemühungen, um einem innigen Leben aus dem Weg zu gehen.

76
Ich bin kein Kraftmeier. Muss ich doch immer ohne dicke Muskeln durchs Leben gehen. Aber Wörter verschenken, das geht. Oder weiterreichen, nachdem ich sie selbst geschenkt bekam. Wer den rechten Ton trifft, das eine Wort oder die fünf, sechs entscheidenden Wörter, der zielt mitten ins Herz der anderen. Der kann verführen, viele zu vielem. Auch zum Wichtigsten: zum

Mitfühlen. So wäre das einzige Übergepäck, das sich ein Reisender leisten sollte: ein Berg voller Buchstaben. Im Kopf. Dort wiegen sie weniger als null und warten nur darauf, dass man sie hervorzaubert.

77

Ich lese einen langen Bericht über eine vierköpfige Familie, die ihr Haus verkauft hat, alles verkauft, und nun seit Monaten ein gebrauchtes Boot renoviert. Damit wollen sie um die Welt segeln. »Sie haben sich vorgenommen«, steht da, »das zu tun, was sie lieben.« Wie erkenntnisreich: jene, die Häuser sammeln und jeden Tag mehr Klimbim anschleppen, interessieren uns nicht. Die anderen, die loslassen und auf und davon ziehen, die schon. Von ihnen muss berichtet werden, sie stehen in der Zeitung. Sie rühren an eine tiefe Sehnsucht in uns.

78

Florida, Orlando. In einem der *Refreshment Corner,* in denen sich Menschen mit Körpern aufhalten, wie man sie nur in Amerika findet, klimpert ein Pianist auf der Bühne. Unhörbar, denn viele schreien durcheinander, und der Raum ist riesig. Wo normalerweise die Noten stehen, ist ein Spiegel angebracht. So könnte die Hölle aussehen: im *Walt Disney World Resort* Klavier spielen und dabei in einen Spiegel schauen müssen. Ich kann den Blick nicht wenden.

79

Out of Africa. Als ich mit der Öllampe in der Hand eine Bude der *Auberge Kahil* betrete, überkommt mich ein sentimentales Gefühl der Dankbarkeit – meinem Körper gegenüber. Weil mir plötzlich klar wird, welche Löcher, Fallen, verlauste Betten und dunkelfleckige Laken, Nasszellen und Abtritte ich ihm schon zugemutet habe. Und er nie murrte, auf keiner Reise, es immer hinnahm, er immer zu mir hielt.

80

Als ich den Passierschein in Händen hielt, bereute ich nichts. Keinen Schweißausbruch, keine Schlaflosigkeit, keine nervenätzenden Stunden, keinen Peso. Sie alle waren der Eintrittspreis, um etwas zu erfahren vom Leben in dieser Welt. Der Preis für die Blicke, die mir gewährt wurden. Auf das Dunkle im Menschen, auf das Helle.

81

Out of Africa. Ein Grenzer ist mit der Höhe meines Schmiergelds nicht einverstanden. Er fordert mehr. Dass meine Papiere in Ordnung sind, will ihn nicht kümmern. Ich zögere, und er meint, wenn ich uneinsichtig bliebe, käme ich in ein »Centre de Méditation«. Wir lachen beide über den Ausdruck, den sie hier verwenden, wenn sie von ihren maroden Gefängnissen reden. Natürlich lege ich nach. Er ist der mächtigste Mann weit und breit. Reisen schärft den Sinn für die gerade stattfindende Realität.

82

Etwa einmal die Woche gehe ich beim Reisen weinen. Über den Zustand der Welt. Eher abrupt, nicht vorhersehbar. Meist dann, wenn ich etwas außergewöhnlich Schönes sehe. Als wüsste ich, dass es bald verschwunden sein wird.

Der Augenblick, der mein Leben veränderte

Ach, »Der Augenblick, der mein Leben veränderte«. So lautete das von einem ahnungslosen Redakteur geforderte Thema. Ach, wie ich keiner Geschichte traue, die mit einem solchen Titel protzt. Ach, der Hype, das Gebläse, ach, der unbedingte Wunsch, das eigene Leben dramatisch auszuleuchten. Wie die Herrschaften, die den Jakobsweg entlanglatschen und hinterher die Welt wissen lassen, dass nun »alles ganz anders« sei. Aber ja, drei Wochen lang. Anschließend kommt der alte Affe Mensch wieder zum Vorschein. Wie der Speckgürtel nach einer Hungerkur.

Versuchen wir doch, etwas cooler aufzutreten. In solchen Momenten erkennen die meisten von uns – auch die rastlosen Reisenden –, dass sie wohl noch nie einen Augenblick erlebten, der ihr Leben veränderte. Dass wir – wenn wir denn Glück hatten – gewiss Frauen oder Männern begegneten, die uns bewegten. Die Freudenschreie oder Kummertränen lostraten. Oder uns zu wunderbar tiefen Einsichten in das Leben und das Leben in dieser Welt verführten.

Derlei Storys lade ich mir herunter, zuerst auf mein Hirn, mein Herz, dann auf den Mac. Weil sie mich heller machen. Weil sie ohne Superlativ auskommen. Weil hier kein Wundermensch auftritt, sondern einer, den ich für sein Menschsein bewundere, ja, für seine Begabung, mich zum Fühlen und Denken zu beflügeln. Einer eben wie Herr Aref, der Palästinenser. Natürlich hat er mein Leben nicht verändert. Aber er hat es beschwingt, so oft mit Staunen erfüllt.

Von ihm muss nun berichtet werden: Ich reiste durch Palästina. Um ein Buch über ein Land zu schreiben, das den Palästinensern seit mehr als siebzig Jahren gestohlen wird: von der israelischen Regierung, mithilfe ihrer Armee. In Tateinheit mit fanatisch-religiösen Siedlern – ebenfalls schwer bewaffnet. Der Landraub ist längst weltweit aktenkundig, längst weltweit geächtet. Was niemanden kümmern soll.

Im Goethe-Institut in Ramallah, der »Hauptstadt«, traf ich Herrn Aref zum ersten Mal. Als Chefrezeptionist. Da man kluge Zeitgenossen schon nach zehn Worten als klug erkennt, nahm ich ihn umgehend in Beschlag. Der Arme. Immer wieder entführte ich ihn in eine stille Ecke und beutete ihn aus. Ihn und sein Alleswissen. Nie – und ich stellte ihm hundert Fangfragen – kam ihm eine Silbe Hass über die Lippen. Obwohl auch seine Familie, wie hunderttausend andere, unter die Räder israelischer Vertreibung geraten war.

Verfallen bin ich dem Mann aber wegen seiner Meisterschaft der deutschen Sprache. Die Liebe zu ihr hatte er vom Vater geschenkt bekommen, dem Ingenieur, der nebenberuflich ein Schöngeist war, abends am Klavier Robert Schumann spielte und anschließend Kant und Schopenhauer las.

An meinem letzten Nachmittag in Palästina war ich noch einmal mit ihm verabredet. Zu einem feinen Dinner, zu dem ich ihn hartnäckig hatte überreden müssen. Ich begrüßte ihn wie immer mit »Monsieur Aref«. Weil dieser vielsprachige Palästinenser – weltwach, weltoffen, weltverliebt – Tag für Tag als Gentleman auftrat. Und, auch das noch, ein elegantes Französisch sprach. Neben Arabisch, Ungarisch (!) und Englisch.

Für all meine Fragen, die Aref tapfer beantwortete, für all die Zeit, die ich ihm raubte, für jeden gewährten Blick in seine Seele, seine Schmerzen, seine Lebensfreude, für jede ausgesprochene oder getane Freundlichkeit, für all das und viel mehr müsste ich ihm ein Museum hinstellen. Ziemlich hoch. Bis hinauf in luftige Höhen. Für ihn allein. Und in jedem Stockwerk könnte man die Belege für eines seiner Geschenke an die Welt begutachten: gleich fünf Etagen für seine fünf Sprachen, das nächste halbe Dutzend für sein unerhörtes Wissen, seinen Humanismus, seine an alle verschwendete Aufmerksamkeit, die tadellos geschnittenen Anzüge, seine dezente Ironie und für die souveräne Gewissheit, dass uns Menschen wohl nicht zu helfen ist. *Quelle classe! Quel homme!*

Bei diesem Dinner passierte, was stets passierte, wenn wir uns sahen. »Übertragung« nennt es die Psychologie: Ich »verliebte« mich in ihn, wollte ihn für mich. Als Vater. Es kamen immer wieder Momente in unseren Gesprächen, in denen ich – schier unbewusst – abdriftete und in die Träumereien eines sehnsüchtigen Kindes versank, das sich wünschte, in seiner Nähe aufzuwachsen. Egal wo. Hauptsache, umgeben von seinen Gedanken, seiner Wärme, ja seiner Begabung zu leben.

Ich ahne nicht einmal, woher dieser Mensch seine Kräfte nahm. Aber immerhin konnte ich mich vor ihm retten, damit das Verliebtsein keine neurotischen Züge annahm: Ich folgte dem Rat von Meister Goethe, der allen empfiehlt, haltlos zu bewundern – um mit der Übermacht eines anderen fertigzuwerden.

Wie jetzt. Monsieur Aref und ich saßen im wundersamen Garten des Restaurants *Zarzour*. Und er musste erzählen, wieder einmal. Die Vögel trällerten, und ich fantasierte mittendrin davon, den Sechzigjährigen mit nach Paris zu nehmen. Zum Herzeigen und Angeben: Schaut nur, der ist meiner, schaut nur, wie er funkelt!

Auschwitz

Wer Auschwitz besuchen will, braucht starke Nerven. Nein, nicht für die über eine Million Frauen, Kinder und Männer, die hier ermordet wurden. Ich vermute, dafür gibt es keine Nerven. Der Besucher braucht sie für die Pizzabuden, die in der Nähe des Eingangs stehen, das geschäftige Treiben der Parkplatzwächter, die Shops, die Leute, die mit dem Selfiestick anrücken und umgehend ihre Reise »Ich und Auschwitz« inszenieren.

Ach ja, die Zeugen Jehovas zeigen lächelnd auf ihren »Wachtturm«, hier auf Englisch: *The Watchtower.* An dieser Stelle die Botschaft von einem »liebenden, gerechten Gott« zu predigen klingt obszön.

Hier lauern tausend Fallen. Die größte und verführerischste: *the look at me-grief.* Das ist ein teuflisch-englisches Wort, das umständlich ins Deutsche übersetzt sagen soll: Sieh mal, wie mitgenommen ich bin!

Achtung, Auschwitz! Achtung, ich bin betroffen! Achtung, Trauermiene anknipsen!

Ich will es machen, wie ich es bei einem Überlebenden gelesen habe: Geh rein, schau hin, lerne und sei still.

Ich versuche es, nur still bin ich nicht immer. Denn neben mir geht Teresa, die Polin. Man kann sie als Guide engagieren. Sie ist die Richtige, sie weiß fast alles, und ich weiß fast nichts. Deshalb meine endlosen Fragen.

Imre Kertész, der ungarische Schriftsteller, der 1944 als vierzehnjähriger Jude hier landete, achtundfünfzig Jahre später den Nobelpreis erhielt und den erstaunlichsten Satz notierte, der sich hier sagen lässt: »Auschwitz ist mein ganzer Reichtum.« Wir Nachkommen, die nie etwas überleben mussten, könnten antworten: »Auschwitz ist unser aller grauenhaftes Armutszeugnis.« Unser aller Menschen.

Wenige Kilometer von hier stand (und steht) der Ort Oświęcim – der polnische Name für Auschwitz. Mehr als die Hälfte der damals 13 000 Einwohner waren Juden, das Zusammenleben mit den anderen Konfessionen verlief eher reibungslos. Auschwitz hieß auf Jiddisch Oshpitizin, wörtlich: »freundliche«, ja, »liebliche Stadt«. Unheimlich.

Nachdem die Wehrmacht im September 1939 Polen überfallen hatte, gab es hier einige Monate lang das »Büro für legale Auswanderung«. Wer wollte, wer die Zeichen der Zeit erkannte und (teuer) dafür zu zahlen bereit war, konnte sich noch nach Palästina absetzen. Doch viele unterschätzten Hitler, sie ahnten nichts von dem Wort »Endlösung« – und blieben. Bald war die Chance vertan, und der Weg von Oshpitizin ins Krematorium war 3041 Kilometer kürzer als jener ins Gelobte Land.

Teresa erklärt ruhig, ohne einen Funken Pathos. Wie beruhigend. Normalerweise – synchron zum Wie-bin-ich-doch-erschüttert-Blick – kommt die Grabesstimme, eingebettet in makelloser Ergriffenheit. Sie scheint unersetzlich zu sein, sie verschafft das wohlige Gefühl der eigenen Rechtschaffenheit. Wer sich so aufführt, weiß nichts von sich.

Wir betreten unter der Inschrift »Arbeit macht frei« das Lager. Es ist so kalt, dass ich den Notizblock wieder wegstecke, die blauen Finger wollen nicht schreiben. Teresa sagt, dass die Gefangenen im Winter jedoch weniger litten als die übrige Zeit. Die verordnete Zwangsarbeit hielt ihre Körper warm, aber im Sommer kamen die Hitze, die Moskitos, der ewige Schweiß und der unstillbare Durst.

Stimmt das? Bis auf minus 15 Grad fiel das Thermometer hier, dazu die berüchtigten Eiswinde. Ich erlaube mir, eine kleine Geschichte zu erzählen.

In den Achtzigerjahren des letzten Jahrhunderts reiste ich per Bus von La Paz, der Hauptstadt Boliviens, nach Arica, im Norden Chiles gelegen. Knapp 500 Kilometer. Hinter Chungara–Tambo Quemado lag der Grenzübergang, auf einem Pass der Anden, über 4000 Meter hoch. Es war bereits dunkel, als wir um 20:30 Uhr ankamen. Um die folgende Szene besser zu verstehen, noch der Hinweis, dass zu dieser Zeit der fleißige Kirchgänger, präsidiale Folterknecht und Schreibtischmörder Augusto Pinochet das Land regierte.

Wir müssen den Bus verlassen und unser Gepäck auf einen langen Tisch legen, uns anschließend hintereinander in gerader Linie aufstellen. Alle. Alte, Schwangere, Kleinkinder. Im Hintergrund stehen spärlich beleuchtete Häuser, überall Soldaten, eingemummt in dicke Mäntel, dicke Stiefel.

Es schneit, eine aggressive Kälte herrscht. Bellende Lautsprecherdurchsagen, bellende Hunde. Die meisten der Passagiere sind auf den radikalen Temperaturumschwung nicht vorbereitet. Doch niemand beschwert sich, weder die Ausländer noch die Chilenen. Sie wissen, was sie ein falsches Wort kosten könnte. Nach einer Viertelstunde gerät mein leicht bekleideter Körper außer

Kontrolle, die Knie beginnen zu flattern, ich hüpfe von einem Bein auf das andere, die flachen Schuhe füllen sich mit Schnee. Mit beiden Händen knete ich mein gefrorenes Gesicht.

Wer aufgerufen wird, muss vortreten und auf sein Gepäckstück zeigen. Jedes einzelne Teil wird herausgenommen und geprüft. Auf staatsfeindliches Material. Nach eineinhalb Stunden – stehend, wartend, durchgehend damit beschäftigt, nicht zu erstarren – bin ich an der Reihe. Ich Glücklicher, denn hinter mir zittern weitere zehn.

Meine (harmlosen) bolivianischen Tageszeitungen werden wortlos konfisziert, der Pass Seite für Seite gecheckt, dann die barsche Aufforderung zu unterschreiben, dass ich als »Tourist« (und nicht als kommunistischer Guerillero) einreise, dann der Stempel, dann meine paar Sachen einpacken, dann kurz nach 22 Uhr zurück in den Bus rennen. Wie von Sinnen reibe ich den Körper, er muss wieder funktionieren. Viele wimmern vor Kälte.

Würde ich nun behaupten, das war mein Mini-Auschwitz: es wäre nur lächerlich. Denn nie war mein Leben in Gefahr, nie war ich als Zwangsarbeiter hier beschäftigt, nie quälte mich der Gedanke, dass ich morgen vielleicht in der Gaskammer verschwinde. Addiere ich aber zu den neunzig erlebten Minuten jede Stunde, jeden Tag, jede Woche, jeden Monat und jedes Jahr, die ein Inhaftierter im Todeslager verbrachte, addiere die Angst und die Gewissheit, täglich von uniformierten Barbaren überwacht und bedroht zu sein, dann will mir scheinen, dass die Winter in Auschwitz nicht erfreulicher waren als die Sommer. Und dass nur diejenigen vom Irrsinn des Ras-

senwahns zu berichten imstande sind, die sich mittendrin befanden. Und davonkamen.

Tags zuvor hatte ich den Satz gelesen: »Dieser Ort sei
allezeit Aufschrei und Mahnung an die Menschheit.«
Der Konjunktiv stimmt, »sei«. Denn an Erziehung durch
Mahnung ist schwer zu glauben. Schon vor Auschwitz
gab es – Tausende Jahre lang – weltweit bekannte Gräuel
und Menschenschlächtereien, und nicht Millionen »er-
mahnende Erinnerungen« haben auch nur eine einzige
Leiche hier verhindert. Die Bestialität gehört zu uns.
Wer davon nichts wissen will, erliegt ihr schneller als
andere. Wie sagte es Primo Levi, der überlebte und sich
irgendwann selbst das Leben nahm? »Es ist geschehen,
und folglich kann es wieder geschehen.«

Stichwort Verrohung. Bei einem Besuch von *Yad
Vashem,* der Shoah-Gedenkstätte nahe Jerusalem, las ich
einen Text über Papst Pius XII., in dem dessen »mora-
lisches Versagen« erwähnt wird: Weil er es unterlassen
hatte, öffentlich gegen die Deportation der römischen
Juden nach Auschwitz Stellung zu nehmen. Der Vorwurf
ist ein alter Hut, die Kirche hat sich als Widerstands-
kämpferin diskret zurückgehalten, wenn sie nicht direkt
kollaboriert hat. Aber viel erstaunlicher sind die folgenden Zeilen: »The lack of clear guidance left room for
many to collaborate with Nazi Germany, reassured by
the thought that this did not contradict the Church's
moral teachings.«

Das ist hochinteressant, denn da steht nichts anderes,
als dass viele Nazideutschland zuarbeiteten, weil der
ausdrückliche Hinweis – »Vorsicht, keine Juden morden!« – vonseiten der Kirche nicht eintraf. Denn allein
käme niemand auf diese Idee.

Man will sich bisweilen vor der Menschheit fürchten.

Der Vollständigkeit halber: Nach dem Krieg, nach dem Holocaust, war der Vatikan fleißig damit beschäftigt, entkommenen Nazischergen (bevorzugte Religionszugehörigkeit: katholisch) falsche Papiere auszustellen. Um ihnen die Flucht – vornehmlich – nach Südamerika zu ermöglichen.

Wir kommen an der »Schwarzen Wand« vorbei, hier wurde per Genickschuss – nur eine Kugel, bitte! Munition sparen! – erschossen. Nicht weit daneben der Galgen, an dem Rudolf Höß – erster Kommandant und Katzenliebhaber – am 16.4.1947 gehängt wurde. Ganz nah seiner schmucken Villa. Um sich vor dem Strang zu retten, hatte der Sechsundvierzigjährige beim Prozess zu Protokoll gegeben: »Ich habe niemanden getötet, ich war nur der Leiter des Vernichtungslagers Auschwitz.«

Über den Appellplatz, auf dem jeden (frühen) Morgen die Unzähligen antraten, um gezählt zu werden – und um die in der Nacht Verendeten zu melden. Vorbei an den Stehbunkern, in denen ein Verurteilter so lange stand (es war zu eng zum Sitzen), bis er stehend vom Tod erlöst wurde.

Vöglein zwitschern, es ist kalt, doch die Sonne scheint, die Welt ist blau und schön. Auschwitz ist heute ein Fake, so still und friedlich sieht es aus, so »gepflegt«. Sollte man nicht alles verkommen lassen und zwischen den Ruinen Leinwände aufstellen, auf denen Bulldozer zu sehen sind, die tonnenweise Skelette in Massengräber schieben? Wäre die Ahnung des Bösen dann inniger, wahrer?

Wir gehen entlang der breiten Glasscheiben, dahinter liegen die geschorenen Haare, die Schuhe, die Brillen, die Kleider der Hingerichteten. Wie soll ein Mensch sich Hunderttausende tot Geschundener vorstellen? Mich überfordert schon ein Hund, der gequält wird.

Mit dem Bus ins drei Kilometer entfernte Auschwitz II, weltberühmt unter dem Namen Birkenau, auf Polnisch: Brzezinka. Wo im großen, industriellen Stil ausgerottet wurde. Blick durch »das Tor des Todes« – man hat es bereits auf so vielen Fotos gesehen –, durch das die Züge bis zur »Judenrampe« rollten.

Dr. Mengele stand oft dort, er liebte den »Rampendienst«. Und entschied in Minutenschnelle und nach Augenschein zwischen Leben, sprich, »arbeitsverwendungsfähigem«, und Tod, sprich, »unwertem Leben«. Mit dem Hinweis, die »ausgemusterten« Frauen, Kinder und Männer zu entlausen, ging es entlang der Schilder »Zum Bade« oder »Zur Desinfektion« mitten hinein in ein kahles Verlies mit Duschkopfattrappen. Dann öffnete in einem Nebenraum der zuständige Arzt die Ventile der Gasflaschen – und das »Schädlingsbekämpfungsmittel« Zyklon B strömte ein: Tod durch Ersticken.

Teresa erzählt, und die Vöglein zwitschern noch immer. Du hörst, was sie sagt, und du begreifst nichts. Du nimmst es zur Kenntnis, mehr geht nicht. Das Herz will es nicht glauben.

Hinüber zu den Ziegelbaracken der Frauen. Die Behausungen der Männer und die »Judenrampe« sind verschwunden. Sie waren aus Holz, das frierende Polen nach dem Krieg als Brennstoff verwendeten.

Bei den weiblichen Gefangenen standen die »Betten« übereinander. Nur Bretter, etwa zwei mal zwei Meter für je zwölf Personen. Unten schliefen sie auf dem Boden. In der Unterkunft, in der wir stehen, hatte die SS jene

Frauen untergebracht, die sie für arbeitsuntauglich hielt – doch aus unerfindlichen Gründen nicht tötete. Hier sollten sie unauffällig verrecken. War kein Platz mehr, auch dann nicht, wenn die Mageren noch magerer wurden, stellte man sie im Hof ab. Ohne Dach und ohne Bretter. Dort starb es sich rascher.

Mir fällt die Geschichte vom »Mädchenorchester von Auschwitz« ein, das 1943 gegründet wurde. Aber ja, sogar Bestien lassen sich von Musik anrühren. Maria Mandl – Oberaufseherin im Frauenlager, intelligent, verroht und nach dem Krieg verurteilte und gehängte Kriegsverbrecherin – setzte sich vehement für dessen Gründung ein. Jüdische Frauen und Mädchen aus verschiedenen Ländern spielten zu den Appellen zwischen fünf und sechs Uhr auf, anschließend, um den Abmarsch der Arbeitskolonnen zu begleiten. Damit sie mit Schwung die Fron antraten, die sie früher oder später vernichten sollte. Selbstverständlich wurde lautstark musiziert, wenn NS-Bonzen zu Besuch kamen oder persönliche Wünsche der Henker erfüllt werden mussten. Dann gab es ein Ständchen in den Privatquartieren. Mengeles Lieblingsstück war *Träumerei* von Robert Schumann.

Was Musik alles kann. Sogar vor einem schnellen Tod bewahren. Die Frauen und Mädchen waren in Sicherheit vor den Gasöfen. Die meisten überlebten tatsächlich bis zur Befreiung. Weil sie als Künstlerinnen gebraucht wurden und Musik sie durch die infernalen Jahre behütete. Eine letzte Heimat, nur virtuell, nur Töne, nur Klang. Und eine Geige oder eine Flöte oder ein Cello als wundersame Waffe gegen den Irrsinn auf Erden.

Die bekannteste Leiterin der etwa fünfzig Musikerinnen war Alma Rosé, Konzertgeigerin, Tochter einer berühmten Dirigentenfamilie, Nichte von Gustav Mahler – mit der tätowierten Nummer 50 381. (Sie starb in Auschwitz, wahrscheinlich vergiftet.) Sie spielte auch abends, heimlich, vor ihren Mitgefangenen. Um die Ausweglosigkeit zu verdrängen. Die eigene, die der anderen.

Sich nach einem grausigen KZ-Tag von der Pritsche aufzuraffen und im Namen der Menschenwürde für alle Anwesenden Chopins – einer von Almas Lieblingskomponisten – *Nocturne Nr. 20 cis-Moll* zu spielen: Das ist ein Akt der Liebe, ein Geschenk für jede, die es hört.

Herzlicher Abschied von Teresa. Ich will mein Standvermögen nicht überfordern. Mehr Grausamkeit geht nicht. Nicht heute. Doch morgen komme ich wieder. Für das nächste Kapitel Wahnsinn.

Ich fahre zurück nach Krakau, knapp siebzig Kilometer entfernt. Die Stadt ist wunderschön. Ob Schönheit, wie Dostojewski meinte, die Welt rettet? Auf jeden Fall tröstet sie.

Wer immer nach Auschwitz kommt, wird von einer dunklen Stimme heimgesucht. Sie stellt die einfache Frage: »Wie hätte ich mich damals, in den finsteren Zeiten, verhalten?« Mitgelaufen und/oder mitgemordet – wie die überwältigende Mehrheit? Oder in die »innere Emigration« verschwunden, sprich, stillgehalten und weder durch Wort noch Tat an der Raserei teilgenommen? Oder mit Leib und Seele ins ferne Ausland geflohen, unwiderruflich davon überzeugt, dass Hitler, Himmler und Konsorten Deutschland und Europa in den Abgrund hetzen? Oder heldenhaft mein Leben riskiert und mich als Widerstandskämpfer anheuern lassen?

Natürlich gibt es keine Antwort.

Noch ein leicht bizarres Nachspiel. Nur wenige Wochen nach meinem Besuch in Polen wurde ich von einem Radiosender zu einem Gespräch eingeladen. Bald wollte der Moderator wissen, wohin ich zuletzt gereist sei. Ich sagte, dass ich in Auschwitz war. Er nickte und fragte, wörtlich: »Was haben Sie dazu zu sagen?« Eine Pause entstand (eher peinlich im Radio), und ich antwortete irgendwann, wieder wörtlich: »Nichts, ich habe nichts dazu zu sagen.« Das Ganze wiederholte sich noch einmal. Was immer ich kundtue, dachte ich, wäre nur Bullshit. Der Mann war fassungslos. Ich auch.

Der Dieb – unloaded

Ich weiß bis heute nicht, ob das, was ich getan habe, schrecklich war, ziemlich schrecklich. Oder nicht, eher ein Akt, der sein musste. Der genau passte. Weil er mich frei und leicht machte.

Vor Jahren habe ich eine Story mit dem Titel »DER DIEB/Eine Liebesgeschichte« veröffentlicht. Ich beschreibe darin die unglaubliche Mühe, den endlosen Stress, die Schweißströme, die Hungertage, die Geldhaufen, den kriminellen Eifer, die detektivische Hartnäckigkeit und die Schmerzen am Körper. Sie alle waren der Preis, den ich vierzig Jahre lang zahlte: um mir eine Bibliothek aufzubauen. Von über neuntausend Büchern.

Hier ein paar Stichwörter: Wie so oft fing ich als Spätentwickler an, wurde erst mit einundzwanzig zum besessenen Leser. Und da ich mittellos war, entwickelte ich mich zum begabten Bücherklauer, der sich Spezialtaschen in dicke Sakkos und Mäntel nähen ließ und vor dem Spiegel die schnellen, fehlerlosen Bewegungen übte: um das Diebesgut lautlos und ungesehen verschwinden zu lassen. Ich stahl überall, in Buchhandlungen, in Büchereien, in Antiquariaten, bei Bekannten, bei Verwandten, bei Freund und Feind. Auf mehreren Kontinenten.

Niemand erwischte mich, stets verließ ich gut bestückt den Tatort. Zweimal in den vielen Jahren kam ich haarscharf davon. Ach, Momente, in denen das Adrenalin noch heftiger sprudelte.

Nein, nie fühlte ich mich schuldig, ich konnte ja nicht anders. Ich war Junkie, geblendet und blind von dieser Sucht nach Gedanken auf weißem Papier. Hätte man mich ertappt und verurteilt, ich wäre nicht in ein Gefängnis gewandert, eher in eine Nervenheilanstalt. Ich war nicht haftbar. Bestimmt auch nicht heilbar.

Ich schaffte es, nur noch einmal pro Tag zu essen. Um Ausgaben zu sparen für das nächste Buch. Ich stahl, aber bisweilen zahlte ich. Um keinen Verdacht zu erwecken. Ich war ein scheinheiliger Dieb.

Bald folgten den Diebestouren rigorose Sanierungsmaßnahmen. Denn das Lesen allein genügte nicht. Eine zweite Obsession verfolgte mich, lange schon vor dem Bücherwahn: die Sehnsucht nach Schönheit, nach Ebenmaß und Harmonie. Soll sagen, die Bücher mussten gut aussehen, Eleganz ausstrahlen. Zerfledderte Ramschware, grauschmutzig gefingerte Blätter, eselsohrengeschundene Exemplare, sie alle wurden einer Generalrenovierung unterzogen. Etwa fünfhundert Bände schickte ich nach Leipzig, ins »Zentrum für Bucherhaltung«. Damit sie dort die inzwischen braun gewordenen Seiten entsäuerten. Abertausende Bücher transportierte ich zu Buchbindern, um sie neu binden zu lassen. Und jedes einzelne Buch band ich hinterher mit durchsichtiger Folie ein – um sie gegen künftige Anwürfe zu schützen. Zuletzt orderte ich einen Stempel: »Ex Libris« mit meinem Namen. Jeder sollte sofort wissen, wem das Teil gehörte.

Nicht zu zählen die Stunden, die ich – sobald es das Internet gab – vor dem Computer verbrachte, um vergriffene Titel zu finden. Selbst aus Südamerika bekam ich Post. Augenblicke geschahen, da dachte ich, jetzt werde ich irre, jetzt platzt das Hirn, nichts wird mich je wieder von dieser Hysterie erlösen, ja, dass ich enden würde wie Dr. Kien, der Held in Canettis *Die Blendung*, den seine Bibliomanie in den Wahnsinn getrieben hatte, und der sich zuletzt mitten hineinsetzte und samt seiner 25 000 Folianten verbrannte.

Eines Nachts, nach einem nächsten Umzug – jetzt nach Paris – zuckte ich beim Heben einer vollen Bücherkiste zusammen. Und kroch behutsam zum Telefon. Um den Notarzt zu verständigen. Ein Hexenschuss hatte mich niedergestreckt, ich brauchte eine Spritze. Am folgenden Tag ging ich zum Orthopäden, drei Kilometer zu Fuß, da unfähig, mein Rad oder ein Taxi zu besteigen. Jeder Muskel meines Rückens war aus Eis.

Noch zweimal, schon weit nach Mitternacht, musste ich um Hilfe rufen und um eine Injektion betteln. Nicht, dass mich die Hilflosigkeit zur Einsicht bewegt hätte. Ich liebte Bücher, und Liebe kann radikal uneinsichtig sein.

Nicht eine Sekunde lang bereute ich. Jeder Schmerz war der Beweis meiner Hingabe. Was keine Frau, kein Mann, kein Gott geschafft hatte, Sprache aber gewiss: Jetzt war ich hörig.

Wie folgerichtig, denn fast jedes Buch war ein Gefährte geworden. Eine Art Schutzengel, der Worte aufgeschrieben hatte, die mich beseelten, ja, mir beistanden in dunklen Zeiten.

In Paris gab es sogar einen ganz praktischen Grund, eine (weitere) Bücherwand hochzuziehen: In der Nachbarwohnung waren zwei Alkoholiker eingezogen, und die elf langen Bretter – randvoll mit Büchern – dienten als Lärmschutz. Wie offensichtlich: Geist gegen Grölen. Kein Zweifel, Lesen macht klug und verbreitet Stille, Saufen macht blöd und produziert Lärm.

Damals las ich einen Bericht über einen Mann in Kalifornien, dessen Villa in Flammen stand und der in höchster Not seine Katze rettete. Was für eine Liebestat.

Würde ich die Katze in Sicherheit bringen? Statt der Bücher? Ich traue mich nicht, über die Antwort nachzudenken.

Das mag ein Außenstehender, einer, der nichts weiß von dieser Gier, nicht begreifen. Was ich über Jahre – manchmal wöchentlich, manchmal täglich – unter ständiger Gefahr der Entdeckung nach Hause schleppte, machte mich nicht gesünder, nicht schöner, nicht wohlhabender, taugte nicht als Altersvorsorge, ja, nach nur einmaliger Benutzung fiel der materielle Wert dieses Guts beträchtlich. Zuweilen sah ich arme Teufel damit auf einem Trödelmarkt hausieren gehen. Für fünfzig Cent pro Stück schlugen sie los, was einmal dreißig-, vierzigmal mehr gekostet hatte. Wie Hochverräter kamen sie mir vor.

Irgendwann wurde mir sogar bewusst, dass Lesen nicht zwingend aus jemandem einen besseren Menschen macht. Auch Hitler, der Welt erfolgreichster Massenmörder, war ein veritabler Bücherfreund. Wie manch andere Monster. Es muss auch nicht sein, dass man nach der Lektüre geistreicher durch den Tag geht. »Lesen gefährdet die Dummheit«, verkünden die Optimisten. Sie übersehen gerne, dass Schiffsladungen von Büchern auf dem Markt landen, die man mit weniger als drei Gramm Hirn bewältigen kann.

Geschenkt. Meine Euphorie blieb intakt. Aus der

jeweils kiloschweren Last wurden die einzigen Gegenstände in meinem Leben, die ich hortete. Ich hasse Sammeln. Aber hier war ich hilflos. Was ich zuerst unbewusst ahnte, wurde allmählich zur irritierenden und gleichzeitig beruhigenden Gewissheit: solange ich der Sucht nachgab, befand ich mich auf der sicheren Seite, denn das Fieber – nicht so sehr das Stehlen (das auch!), eher das Genießen der heißen Ware – rettete mir mein Leben. Das ist ein bombastischer Satz, der ruhig stehen bleiben darf. Denn dank dieser Leidenschaft fand ich irgendwann, über tausend Umwege, meinen Beruf.

Stichwort Raubzüge: Sobald ich – spät genug – ordentlich Geld verdiente, hörte ich auf, mir unbezahlt Bücher anzueignen. Ich hatte keine Ausreden mehr, war nicht mehr arm und ärmlich. Zugegeben, es gab Rückfälle, alle fünf, sechs Monate. Und stets nur ein einziges Buch. Aber es musste sein: um die Reflexe zu checken, ob ich es noch kann und ob ich mich noch traue. Meist legte ich die Beute am nächsten Tag wieder zurück an ihren Platz. So diskret und heimlich wie vorher beim Entwenden.

So ging es ziemlich genau siebenunddreißig Jahre lang. Dann passierten seltsame Dinge. Inzwischen war jeder verfügbare Zentimeter entlang der Wände vergeben – an Bücher. Und der Blick auf sie, der mir täglich an weit über 13 000 Tagen ein Wohlgefühl, ja, Sicherheit und Schutz vermittelt hatte, fing an, mich zu bedrücken. Nachts träumte ich davon, dass die Abertausend stets näher rückten und mich mitten im Schlaf erdrückten – jene dicken Mauern, die mich bewachten, mich überwachten. Ich hatte keine Wohnung mehr, eher eine Bibliothek mit Schlafplatz und Schreibecke.

Ich suchte nach einem Ausweg. Eine Alternative wäre

gewesen, mich in Paris nach einer größeren Unterkunft umzusehen. Da ich bereits über 30 Euro pro Quadratmeter für meine aktuelle Bleibe zahlte, hieße das plus 1000 Euro pro Monat. Um so viel Raum zu haben, damit wir beide – die 120 Meter Bücher und ich – ohne Platzangst miteinander leben könnten.

Was ich mir hätte leisten können – und dennoch nicht infrage kam. Denn die jetzige Lage war nicht zu toppen: in einer Sackgasse, autofrei, zentral gelegen, nur wenige Schritte zur Metro, zudem seit geraumer Zeit lärmfrei, da ohne den Polizisten (!), der seine Freundin ohrfeigte (und die mir erzählte, dass sie ihn liebe), ohne den Maurer, der seine Frau anbrüllte und sie bedrohte (und die sich anbrüllen und bedrohen ließ), ohne das zänkische Ehepaar über mir (das fest entschlossen schien, uns alle im Haus an seinem Elend teilhaben zu lassen), ohne die zwei ersten und später anderen Spritnasen (die anscheinend nur mit ein paar Promille im Schädel ihr Leben aushielten).

Ich weiß nicht mehr, wie oft ich die Polizei rief. Damit Ruhe und Frieden einkehren. Erstaunlich, mit welchem Nachdruck Leute ihr Unglück inszenieren. Ach, nicht zu vergessen die vier Halbwüchsigen beiderlei Geschlechts, die hier einzogen und unmöglich je das Wort »Rücksicht« gehört haben konnten: So kaltblütig drehten sie die Musik auf, so nachdrücklich knallten die Türen, so unbekümmert grölten sie zweimal die Woche, freitags und samstags, ihren Frust in die Nacht.

Das alles war Vergangenheit. Irgendwann hatten wir friedlicheren Mieter dafür gesorgt, dass ihnen gekündigt wurde, allen. Gleichzeitig versprach uns der Besitzer, in Zukunft energischer die Neuzugänge zu überprüfen.

Jede und jeder sei mir willkommen. Unter der Voraussetzung, dass man sich auf die Grundregeln des zivilisierten Zusammenlebens einigt.

Mir blieb die wunderbare Einsicht, dass ich einen fabelhafteren Platz in Paris nicht finden würde, und die ebenso klare Erkenntnis, dass es Zeitgenossen gibt, Frauen wie Männer, bei denen man nicht andocken kann. Garantiert nicht mit Worten oder fairen Angeboten. Da sie längst beschlossen haben, sich nicht zu ändern. Selbst die offiziellen Verwarnungen und Bußgelder wirkten nur Tage. Dann legten sie erneut los. Unbelehrbar.

Die Alternative – woanders einzuziehen – wurde verworfen. Umso unbeschwerter, da ich ab nun unter Leuten lebte, die sich freundlich und zuvorkommend benahmen.

So begann der dreijährige Kampf: Behalte ich die Bücher, oder entferne ich sie? Der Gedanke kam mir anfangs vor, als verriete ich jene, die mich so ausdauernd behütet hatten. Und ohne die ich nicht davongekommen wäre. Ich rechnete mit bitteren Depressionen nach der Tat, der Untat. So schreckte ich immer wieder zurück, traute mich nicht.

Aber ich hatte mich verändert. Ich brauchte keine Bücherwände mehr, um vor jedem Besuch anzugeben. Zudem war ich fauler geworden, verlor die Lust, an jedem Jahresende Tonnen von Papier wegzuräumen – um Bücher und Bücherregale von Staubwolken zu befreien.

Das war ja meine Spießerseite, seit ich denken kann: penetrante Sauberkeit. Ich ertrug den Spott meiner Umgebung, verwies lächelnd auf Henry Miller, dessen zweite Frau June ihn als »petty bourgeois« verlacht hatte. Das immerhin durfte ich mit Henry gemeinsam haben, den Putzfimmel. Der amerikanische Schriftsteller nannte als Ausrede seinen deutschen Vater Heinrich Müller, von dem er die Peinlichkeit geerbt habe.

Und noch etwas war verschwunden: meine Versagerängste, die schwarzen Stunden der Sinnlosigkeit. Ich musste nicht mehr beschützt werden, die Krücken konnten weg. Zeit war, mir zu beweisen, dass ich ohne sie zurechtkommen würde. Das Loslassen der Bücher sollte mich näher an mein Traumziel bringen, die noch immer unerreichte Leichtigkeit – in jeder Hinsicht, materiell und oben im Kopf. Außer meinem Bankkonto, den Klamotten, dem Mac und dem Fahrrad wollte ich nichts mehr besitzen. Gut, meine geliebte Pariser Wohnung, sie soll mir auch bleiben.

Das alles nicht aus ideologischen Gründen, sicher nicht, nein, rein aus dem drängenden Bedürfnis, das bisschen Lebenszeit nicht mit der Verwaltung meines Hab und Guts zu verschleudern. Auf keinen Fall das Leben verbarrikadieren mit Dingen und Gerätschaften, die man anschließend einräumen, putzen, stapeln, wegräumen, umschichten, versichern, reparieren, ja, für die man ganze Garagen hochziehen muss, um sie mit immer neuem Müll zu fluten.

Die »quality time« – so sagen sie in Amerika – sollte zunehmen. Und den Anteil von »shit time« so gering wie möglich halten.

Ich durfte nicht enden wie Tutanchamun, der vor etwa 3350 Jahren als Pharao herrschte. Als man seine Grabkammern entdeckte, brauchte man Tage, um das königliche Gerümpel, das man ihm mitgegeben hatte, zu sichten. Abgesehen von ein paar Zentnern Gold lagen unter vielem anderen 145 leinene Unterhosen für den Toten bereit. Damit er adrett gekleidet im Jenseits unterwegs sei. Nun, die Unterwäsche lag noch immer da, unbenutzt.

Ich wollte anders tot sein. Ohne Berge von Arbeit für die Lebenden zu hinterlassen. Ich kannte Leichen, die waren leblos so anstrengend wie mitten im Leben. Ungeheure Aufräumarbeiten mussten erledigt werden, um sie endgültig loszuwerden.

Das wollte ich auf jeden Fall vermeiden. Denn das Erste, was der Wohnungsbesitzer nach meiner Beerdigung – verfeuern und verstreuen, bitte – tun würde: die Müllabfuhr anrufen und die Bibliothek abtransportieren lassen. Ist es da nicht intelligenter, sie vorher an den rechten Ort, die rechte Person zu befördern?

In Mexiko hatte ich einen Friedhof besucht, auf dem sich viele Gräber von Drogenbossen – jeder ein Vielfachmörder – befanden. Manche von ihnen, so die Totengräber, schafften es, unversehrt und vollständig zu sterben. Andere kamen nur durchlöchert oder zerstückelt zur letzten Ruhe. Das ungemein Witzige: Die meisten verwesten nicht in Mausoleen, sondern unter einer Art Einfamilienhaus mit allen Schikanen: Klimaanlage, Fernseher WiFi-Anschluss, Sofa, Esstisch, Küchenecke mit Kühlschrank, ja, einem Treppenhaus, das zum Schlafzimmer führte. Oft schmückte noch ein Altar die Möblierung. Tiefgläubige Schwerverbrecher mit dem Gekreuzigten als Schutzpatron – Realsatire vom Feinsten.

Sie benahmen sich wie Tutanchamun, getrieben von Protzsucht und Raffgier, Aberglaube und Infantilismus. Nur moderner ausgerüstet. Dennoch fest überzeugt, dass es hinterher weitergeht. Entweder in der Nähe von Sonnengott Aton oder im katholischen Himmelreich.

Noch eine Beobachtung, die vieles lehrte. Ich will behaupten, dass mir die folgende Szene einmal die Woche passiert. Da ich grundsätzlich versuche, auch unterwegs als Gentleman aufzutreten, helfe ich Damen – gleich welchen Alters – beim Wuchten ihrer Gepäckstücke: hinein in den Wagon oder hinauf zu den über den Sitzen befindlichen Ablagen. Man könnte denken, dass die Schwerstbepackten für zehn Jahre in ein anderes Land ziehen. Aber nein, es geht nur in die nächste Stadt. Von dem Hinweis in (französischen) Zügen – »Voyagez léger!«, Reisen Sie leicht! – wollen sie nichts wissen.

Unheimlich, diese zähe Angst, nicht genug zu haben.

Noch ein letztes Beispiel. Eine Leserin – nennen wir sie Dorothea – schrieb mir einst eine lange Mail. Monate zuvor hatte sie mein Buch *Triffst du Buddha, töte ihn!* gelesen. Der Titel ist ein berühmter Satz aus Indien, der sagen soll: Irgendwann musst du dich von deinem Guru trennen, deinem Psychiater, deinem Gott oder von wem auch immer, der dich bisher geleitet, geführt und bestimmt hat. Du musst erwachsen werden, musst selbst über dich entscheiden, selbst entscheiden, was richtig ist und was nicht.

So klappte Dorothea frohgemut das Buch zu und kletterte hinauf in den Speicher. Sie wollte mit den übersichtlicheren Zwängen anfangen, die ihr Leben einkesselten: den unterm Dach (und im Keller) seit drei Ewigkeiten unberührten Schrott loswerden. Denn Freiheit, dachte Buddha, dachte Konfuzius, dachte mein Zenmeister, blüht leichter, wenn ein Mensch von mehr »Leere« umgeben wird. Wenn das Auge nicht ununterbrochen gebremst wird, sondern schweifen darf. Die zwei Wörter »Ballast abwerfen«, sie klingen garantiert in jeder Sprache verlockend.

Doch Dorothea scheiterte. Sie beichtete mir ihr Versagen, gestand, dass sie vor Ort war, ganz oben im letzten Stock, mitten in einem Meer verranzter Kartons mit dem Weihnachtsflitter aus irgendeinem Jahrhundert und einem verbeulten Kinderrad aus fernen Tagen und rostigen Türgriffen aus dem Haus ihrer Eltern und, und, und – sie es »nicht übers Herz brachte«, den Plunder in Plastiksäcke zu stecken und verschwinden zu lassen.

Da ich ein gemeiner Mensch bin, habe ich lauthals gelacht, als ich von ihrer K.-o.-Niederlage erfuhr. Sie könne nicht, sie schaffe es nicht. Okay, erst gelacht, als sie mir von ihrem dritten Anlauf erzählte, bei dem sie einmal mehr mit leeren Händen zurückkam. Verstanden, die zehn Paletten Sperrmüll müssen bleiben, den Unrat darf keiner anrühren. Unergründliches Menschenherz.

Ich erinnerte mich an eine Stelle in *Key Largo*, einem Film mit Humphrey Bogart: Gangsterboss Rocco (Edward G. Robinson) ist wie so oft gehörig unzufrieden, und Bogart, eine Art Geisel von ihm, weiß auch, warum: »He wants more.« Und der Chef, geradezu begeistert, bestätigt: »That's right, I want more.«

Ich vermute, dass all diese Begebenheiten, all diese Szenen dazu beitrugen, dass ich es riskierte – ein Leben ohne eigene Bibliothek.

Hier der letzte Funken, der nötig war, um zu handeln: Ich war von Frank Plasberg in seine Talkshow eingeladen worden. Unter den anderen Gästen befand sich auch ein gewisser Oliver I. Er hatte vor Jahren weit über eine Million im Lotto gewonnen. Und Olli, völlig entspannt, erzählte, wie er sie hurtig loswurde. Mithilfe seiner Großzügigkeit, der falschen und echten Kumpels, seiner Nonchalance. Jetzt war er sie los und lebte wieder von

Hartz IV. Ohne Ressentiments, ohne Reue, auch ohne Schuldzuweisungen. Er hatte eine Menge Kohle, super, und nun hatte er sie verjubelt. Denn die Kiste Scheine habe ihn – wie bizarr – »bald belastet«.

Es war dieser Abend, an dem ich zum ersten Mal – aus Ollis Mund – den so einfachen, so weisen Satz hörte: »Irgendwann hat der Besitz dich.«

Das war der letzte Auslöser, klar und keinen Widerspruch mehr duldend. Zurück in Paris, kümmerte ich mich umgehend – nach so viel Zeit voller Ja und Nein, Pro und Contra – um den Abtransport der etwa vier Tonnen Papier plus der einen Tonne Holz. Der Gesamtwert – Erwerb, Instandhaltungskosten, Regale (Maßarbeit) und Umzugsrechnungen addiert: rund 150 000 Euro. Mit einem Schlag wurde ich um 5000 Kilo leichter. Ich ließ alles los und verlangte keinen Cent. Vierzig Jahre lang hatte ich den Bücherberg hochgezogen, nun war er in acht Stunden verschwunden. Ich legte mich ins Bett und wartete – auf die Depression. Die nicht kam. Ich grinste zufrieden.

Kleines Nachwort: Ich liebe Bücher noch immer. Und kaufe sie noch immer. Aber wenn ich fertig mit ihnen bin, dann lasse ich sie liegen. Sodass sie jemand an sich nimmt und liest. Und jedes Mal überkommt mich beim Loslassen der grandiose Gedanke: »Ich will es nicht besitzen.« In dieser Nacht erinnerte ich mich auch an ein Standardwerk von Erich Fromm, *Haben oder Sein*. Ich wollte unbedingt sein und einzig das – gewiss noch viel – haben, was dem Sein nicht im Weg steht. Leichtigkeit, das wär's.

Der Flüchtling

Wer liebt sie nicht, die großen Liebenden? Die wohl unsterblich bleiben, bis die Welt zur Hölle fährt. Lord Nelson und Lady Hamilton, Lancelot und Genoveva, ja, Abélard und Héloïse, deren Leidenschaft selbst mit der zwangsweisen Entfernung von Abélards Männerglied nicht endete. Vor neunhundert Jahren, mitten in Paris.

Wer kennt die (astronomische) Zahl von Kinogängerinnen, die tränenüberflutet nach einer *Doktor-Schiwago*-Vorstellung auf die Straße traten? Überwältigt von der stürmischen Innigkeit zwischen Lara und Juri.

Die Sehnsucht nach Liebe hat keinen Namen im Weltall. Kein Wort wäre grandios genug, um sie zu fassen. Die Unermessliche.

Damit wir uns in kein Missverständnis verlaufen: Hier wird ausschließlich von der Frau-Mann-Liebe – oder schwul oder lesbisch oder queer, je nach Belieben – geredet. Alle anderen tausend Lieben – wie die zu Kindern, Meerschweinchen, Musik, Natur, Bauernmöbeln, Achtzylindern, roten Beeren ad infinitum – bleiben unerwähnt. Das Thema wäre noch komplexer, noch unfassbarer.

Das Unglaubliche: Manche unter uns können dieses Feuer bewahren. Sie sind die Begnadeten. Sie tragen das Meer in sich, die ganze Welt. Sie drehen sich nicht um nach fremden Schatten. Sie haben nur sich, nur sich beide. Auf wundersame Weise erfüllt sie das – ganz und gar.

Wie wir all diese Helden – die einstigen, die jetzigen – bewundern für ihre Waghalsigkeiten, mit denen sie den Fährnissen der Liebe entgegentreten. Diese Verwegenen, die immer nur lieben wollen: die eine Frau, den einen Mann.

Woher nehmen sie diese sagenhaften Kräfte? Ich will sogleich beichten: Ich habe sie nicht. Warum nicht? Ich könnte nun sagen, ach, weil meine Mutter mich gleich nach der Geburt wegmachen wollte, ach, weil mein Vater seine aus dem Krieg mitgebrachte SS-Brutalität an mir abarbeitete, ach, weil die lokalen Pfaffen mit Verve Kinderkörper verprügelten und uns den Hass auf die Lust einbläuten. Bis ich irgendwann davonlief und zwanzig Jahre lang Hilfe suchte – bei Therapeuten auf drei Kontinenten.

Das alles stimmt. Die Wundmale und die Versuche, sie loszuwerden. Und muss trotzdem nicht stimmen: als Erklärung für die Unfähigkeit zur großen Liebe. Kennt man doch andere, die eine friedlichere Kindheit bekamen und trotzdem an ihr scheitern – an der Liebe. Und andere, die noch heftiger unter die Räder kamen und dennoch passable Liebende wurden.

Wenn A passiert, passiert B. Das glaube ich nicht, nicht mehr. Das Herz eines Menschen ist kompliziert und widersprüchlich. Passiert A, können die überraschendsten Dinge zum Vorschein kommen. Niemand weiß die Zukunft seines Lebens. Zudem, selbst das hat sich inzwischen herumgesprochen: Das Wühlen in der Vergangenheit ist wenig hilfreich. Man kann anschließend stundenlang und klug und ausführlichst über seine

Neurosen reden. Doch nicht eine halbe Neurose ist danach verschwunden. Einer verstörten Seele ist via Intellekt nicht beizukommen. Ein Alkoholiker hört auch nicht auf zu saufen, wenn man ihm erzählt, dass Alkohol ungesund ist. Man wird es ihm tausendmal sagen, und tausendmal wird er weitersaufen.

Mir taten am besten Therapien, die körperlich rangingen. Heilen tat keine, aber sie halfen beim Leben. Immerhin.

Die simple Botschaft lautet: jene, denen die Liebe, ja, schon das Wort Liebe – und ich bin nur einer von vielen – Angst einjagt, werden nie genau wissen, warum sie so geworden sind, wie sie es sind. Doch durchaus möglich, dass dieser Mangel ihnen Eigenschaften verschafft, um die »Gesunde« sie beneiden. Freud nannte das den »sekundären Krankheitsgewinn«. Man leidet – an einem furchtsamen Herzen, zum Beispiel – und bekommt gleichzeitig etwas geschenkt: eine fiebrige Sensibilität, die Bereitschaft zur Empathie, das Talent, sich in Mitmenschen hineinzufühlen.

Kann sein, muss nicht sein. Manche gehen leer aus. Manche verwandelt ihre Liebesunfähigkeit in kleine oder größere Psychopathen. Noch ein Rätsel, das uns nie erlaubt zu wissen, was ein Mensch aus dem macht, was ihm mitgegeben wurde. Ja, wenige blühen sogar nach Jahren in der Wüste. Wieder andere verirren sich in die entgegengesetzte Richtung, sie verdunkeln, eine seltsame Traurigkeit frisst sie auf.

Ich erinnere mich, dass ich als Jugendlicher mit meiner Geschichte hausieren ging, jedem mein Unglück einflüsterte. Um nach Mitleid zu heischen. Bis offenkundig wurde, dass ich mich wiederholte, schlimmer, dass es keinen mehr interessierte. Zudem wurde klar, dass mir niemand helfen konnte. Wie auch? Und ich eines Tages begriff, dass ich als notorisches Opfer unterwegs war. Ätzend war das, eher etwas, das mein Selbstverständnis kränkte. Ich wollte Mann sein, Mensch, der stark ist, der bestimmt – über sein Leben.

Später las ich den Ausdruck »Negativer Narzissmus«. Offiziell gibt es die Bezeichnung nicht, doch sie leuchtet ein: Jemand spielt sich nicht als König im Universum auf, im Gegenteil, er stellt sich als Nichts hin, als Loser, als den Ungeliebtesten weit und breit. Wie bescheiden, denkt man zuerst, und irgendwann dreht sich die Stimmung. Jetzt nerven das penetrante Gegreine und diese Impertinenz, aller Welt seine Elendsjeremiade vorzuwinseln. Das Wichtigste dabei: Der Jämmerling steht im Mittelpunkt. Und wäre es als Null. Hauptsache, es geht um ihn.

Im Laufe der Jahre machte ich die Erfahrung, dass ein gut gelaunter Angeber mehr zum Weltfrieden beiträgt als das Wimmern eines rastlos mühselig Beladenen. Selbstverständlich – und das zeichnet das fortgeschrittene Opfer aus – sind alle anderen für sein Unglück verantwortlich. Grundsätzlich. Eigenverantwortung? So weit kommt es noch. Die Suche nach Sündenböcken gehört folglich zu seinen Hauptbeschäftigungen.

Mir will scheinen, dass der Opferstatus an Beliebtheit enorm zugenommen hat. An manchen Tagen fühlt man sich geradewegs umzingelt von »zutiefst« Verstimmten, von Gedemütigten, ja, Traumatisierten, ja, Re-Traumatisierten, die täglich mit der Dornenkrone durchs Leben gehen. Es wird also nicht leichter für die wenigen Nicht-Opfer, jene zu erkennen, die tatsächlich von Schmerz und Leid heimgesucht wurden. Verursacht von Frauen und Männern, die gern quälen und erniedrigen.

Doch wahr: Es hat mich als Kind und Heranwachsenden erwischt. Ziemlich. Und ich vermute, dass ich für die Untaten der damals zuständigen Erwachsenen nicht zur Rechenschaft gezogen werden kann. Die Damen und Herren dürften ihre Gründe gehabt haben, sei es ihre eigene Scheißjugend, seien es ihre misslungenen Träume, sei es, was es will. Aber ich habe mir, nachdem ich aufgehört hatte, mich als ambulanten Tränensack Freund und Feind vorzustellen, gleichzeitig und radikal abgewöhnt, bei jeder künftigen Verfehlung mit dem Finger auf meine Vergangenheit zu deuten: Sorry, ich bin schuldlos, ach, mein wütender Zeuger, ach, die schwache Mutter, ach, die ganze böse Welt. Das musste aufhören. Und es hörte auf.

Auch richtig: Ich brauchte Beistand, ich besuchte Gurus, ich landete in einem Zenkloster. Und irgendwann schrieb ich ein Buch über meine Zeit als Kindersoldat – im Krieg gegen den Alten. Aber ich hatte mir längst verboten, mich dem Rest der Menschheit als Opfer zu präsentieren. Denn der unbedingte Wunsch trieb mich an, für all das, was ich sage und tue, zuständig zu sein. Niemand anderer, stets nur ich. Mich weiter zu infantilisieren kam nicht mehr infrage. Ich war jetzt alt genug, um Fehlgriffe einzugestehen. Und nicht – Siebenjährige tun das – laut und unbelehrbar nach Ausreden zu suchen. Siebenjährige? Was rede ich da. Ich höre und sehe Siebzigjährigen zu, die noch immer nichts vom Erwachsenwerden wissen wollen. Wäre ich Diktator, ich würde sie bei meinem Zenmeister in die Lehre schicken. Es ist nie zu spät für ein Leben ohne Ausflüchte.

Zurück zum Anfang, von wegen Liebe. So soll gleich

die ganze Wahrheit hier stehen: Kein Therapeut, kein Er-
leuchteter, kein begnadeter Heiler hat – und hätte – aus
mir einen beneidenswerten Liebenden gemacht. Doch
das überaus Erfreuliche daran: dass das nie ein Grund
war, nicht mit Begeisterung auf der Welt zu sein. Unbedingte Voraussetzung dafür war der feste Wille, mich
nicht zu fühlen wie jemand, der vom Schicksal gezüchtigt wurde. Der Vorsatz blieb, mich wie jene (beherzten)
Einarmigen, Schwerhörigen und Herzkranken zu benehmen, die eher cool und unaufgeregt mit ihrem Defizit
umgehen. Von derlei Zeitgenossen lerne ich. Und bewundere sie. Und wenn ich etwas bei ihnen kapiert habe,
dann die Gewissheit: Mein Hirn entscheidet, ob ich mich
als Unglücksrabe aufführe oder als einer, dem – nach
durchaus strapaziösen Jahren – das Glück hinterherläuft.
Nein, nicht von früh bis spät, aber oft und stets unver-
dient. Wie damals die Prügel.

Als knapp Vierzigjähriger – da schielen manche schon
nach der Frührente – war das Glück kaum mehr auszuhalten. Da flog mir eine Art Herzschrittmacher zu, ein
Trostpflaster für alle Brandmale, der Fluchtweg ins Freie:
das Schreiben, das Wunder Sprache, das es mit (fast)
jedem Desaster aufnimmt.

Zu pathetisch formuliert? Ich versuche es anders, ruhiger: Darf ein »Liebesunfähiger« – ich also – behaupten,
dass die Nähe zu ihm gewiss lustig sein kann? Garantiert
untoxisch, auch nie bedroht von einer narzisstischen Stö-
rung? Ja, er nie willens ist, Gewalt anzuwenden oder sich
via Drohgebärden erotische Zuwendung zu verschaffen?
Dass er nie Handys kontrolliert, nie besitzen will, nie sein
Vergnügen darin findet, die Geliebte zu demütigen – um
das hungrige Ego aufzuplustern?

Liest man Berichte über uns Zukurzgekommene, möchte man glauben, wir verbringen als hartleibige, so ungeliebte Seelen die Tage. Nicht zu reden von den Nächten, die wir schluchzend in einsamen Betten durchstehen. Mitnichten. Ich jedenfalls nicht. Dass ich – vermutlich nicht öfter als andere – von Attacken lauen Selbstvertrauens heimgesucht werde, zeigt nur, dass ich ein Kind meiner Zeit bin. Denn das Wahrnehmen diffuser Zweifel am Wert der eigenen Person gehört zur DNA des modernen Menschen.

Natürlich wünschte ich mir, einer zu sein, der vertraut, der die Liebe aushält, der nicht gleich den Verrat wittert, ja, hundsgemeine Verletzungen fürchtet. So eine Liebesangst ist keine Schuld. Man hat sie vielleicht geerbt. Was sie eher unheilbar macht. Zumindest kenne ich keine und keinen, der wieder vollständig wurde. In einer Gedichtsammlung mit englischsprachigen Übersetzungen von Petrarca, dem italienischen Genie aus dem 14. Jahrhundert, las ich den bedrohlichen Satz: »Love is riding on the horse of death.« Wie poetisch, wie grässlich. Liebe kann (auch) umbringen. Nicht endgültig, aber beträchtlich. Das gilt es zu vermeiden. Und zugleich Sorge dafür zu tragen, sich aus dem Mangel keine Tragödie zu spinnen. Entschieden smarter: das Defizit anzunehmen und das Verlangen nach einem innigen Leben nicht loszulassen.

Wie auch immer. An meinem Flüchtlingsstatus soll niemand rütteln. Der bleibt. Sosehr ich mich bemühe, die intime Nähe zu einer Frau – geistig wie körperlich – als Gentleman zu verbringen, als freundlicher Herr, der sich stets vornimmt, möglichst viel Freude zu verbreiten, so umgehend verwittere ich, sollte die Herzensdame anfangen, mit mir die drei Unmöglichkeiten zu verhandeln: die gemeinsame Ewigkeit, die gemeinsamen Kinderlein, das gemeinsame Dasein in einem Einfamilienhäuschen. Dann kommen drei »Nijets«, ziemlich forsch und ohne Wenn und Aber. Um mich zu schützen. Und die Frau. Und den Nachwuchs. Weil man einen Untauglicheren als mich für derlei Unternehmungen nicht finden könnte.

Schade nur, dass andere Männer (Frauen übrigens auch) – selbst jene, denen der Ruf »liebesfähig« vorauseilt – ebenfalls nicht fähig sind. Zur bombastischen, lebenslangen Liebe. Leider merken sie es erst, wenn sie ihre Beziehungsruinen abwracken. Und sie, noch aufreibender, Anwälte einschalten, um gegenseitig abzurechnen. Doch das nur am Rande.

Die cleveren Frauen lassen mich ziehen und suchen den einen, der es besser kann als ich. Die anderen wollen mich ändern, mich retten. Wie anrührend, wie aussichtslos. Egal, wie es ausgeht: Ich bin eine Enttäuschung.

Das klingt dramatischer, als es ist. Denn kaum eine meiner Fluchten endet in einem Meer aus Tränen, in einer Sackgasse schwarzer Gedanken, sondern – vor meinem Mac. Der hilft beim Aufschreiben der jeweiligen Niederlage. Das heilt. Leichte Narben bleiben, zugegeben. Doch nichts schwärt und droht für alle Zukunft. Winzig kleine sechsundzwanzig Buchstaben stillen das Herzblut. Unheimlich geradezu. Und keiner weiß, wie es funktioniert. Aber es passiert.

Hinterher veröffentliche ich den Text. Und so manche Frau und so mancher Mann mailen mir dann und sagen, ich hätte ihre Geschichte aufgeschrieben. Wie tröstlich. Ich bin Flüchtling – und nicht allein.

Die Toten

Die erste Leiche, die ich leibhaftig sah, war eine unglückliche Frau. Meine Großmutter mütterlicherseits. Und das Erste, was ich dachte, als ich sie fahl und mürbe und mit Lippenstift auf den dünnen Lippen im offenen Sarg betrachtete, war: Gut, dass sie tot ist. Nicht aus Wut auf sie, im Gegenteil, ich mochte sie, war voller Dankbarkeit ihr gegenüber. Aus vielen Gründen, auch weil sie es war, die mir Unterschlupf gewährt hatte, als ich meinem Vater, ihrem Schwiegersohn – sie hassten einander innig –, davongelaufen war. Ihr Tod stimmte mich froh, weil ich mich nicht erinnerte, sie je unbeschwert und heiter erlebt zu haben. Mir schien, als konnte sie nichts anfangen mit ihrem Hiersein. Alle Tage eine Bürde, die sie nie loswurde. Erst der Tod erbarmte sich ihrer.

Dennoch war ich traurig bei der Beerdigung. Über das Glück, das ihr entgangen war. Glück, so würde ich später lesen, hat gewiss auch mit der genetischen Veranlagung des Einzelnen zu tun. Die jemand hat oder eben nicht. Oma bekam nichts ab, sie war nicht begabt für Leichtigkeit.

»Am Leben sein« fand ich nie besonders aufregend. Die Frage war doch: *wie* am Leben sein? Irgendetwas muss das Leben einem geben, um durchzuhalten. Jeder, der den Suizid wählt, ist der Beweis dafür, dass der

Mensch nicht oder nicht mehr bekam, was er sich erhoffte. Doch Selbstmord kam für Oma nicht infrage, sie war gläubig. Statt Tabletten zu schlucken, bettelte sie sonntags den Herrgott an, dass er sie »bald zu sich hole«.

Der argentinische Schriftsteller Jorge Luis Borges meinte einmal: »Ich habe die schwerste Sünde begangen, die ein Mensch begehen konnte: Ich war nicht glücklich.« Den Weltberühmten beschützte jedoch sein Genie, seine Kreativität, um das Unglück zu zügeln. Oma nicht. Sie war nur eine liebe, einsame, unglückliche Frau.

Auf einer Reise durch Mexiko hörte ich ein Interview mit einem Auftragskiller, Arbeitnehmer bei einem der berüchtigten Drogenkartelle. José bekam regelmäßig ein paar Tausend Dollar, um Konkurrenten, unliebsame Politiker und Journalisten zu liquidieren. Auf die Frage, ob ihn nicht Gewissensbisse plagten ob des kaltblütigen Tötens, meinte der Vielfachmörder, eher gefasst: »Nein, denn ich erlöse sie ja, sie haben es dann hinter sich.« So ungeheuerlich der Satz klingt, ich musste an meine Großmutter denken. An einem 12. Dezember hatte auch sie ihren Frieden.

Es hat sich längst herumgesprochen, dass der Tod unser Leben bestimmt. Würden wir nicht sterben, würden wir nicht leben. Denn kein Mensch könnte nur einen Tag die grausige Gewissheit aushalten, dass nichts ein Ende hat. Ewigkeiten mal Ewigkeiten endlose Aussichtslosigkeit auf das ewig Gleiche. Wer würde je eine Entscheidung treffen, je einen Krieg anzetteln, je ein Liebesgedicht schreiben, je eine *Fünfte Sinfonie* komponieren, wenn man wüsste, dass ein Entschluss, ein Plan, ein Versprechen noch weitere zehn Milliarden Jahre warten könnte. Und nochmals und nochmals zehn Milliarden. Keine

Deadline in Sicht, nicht die geringste Hoffnung, dass Krankheiten, dass Schmerzen, dass Depressionen aufhören. Nichts hört auf, auch nicht die Ödnis, auch nicht der Überdruss, auch nicht die vergebliche Sehnsucht, zu verschwinden und zu vergehen. Aber ja, der Tod macht Angst. Doch seine Abwesenheit wäre die viel größere Katastrophe.

Für Gottesanbeter – sie haben für sich das »Jenseits« erfunden – ist die Sache allerdings noch nicht ausgestanden. Selbst wenn auf Erden für jeden von uns irgendwann Schluss ist, droht für sie die himmlische Ewigkeit – oder die teuflische. Wobei man nicht sagen könnte, welche sich schrecklicher anhört.

Bald nach dem Tag auf dem kalten Friedhof in dem Kaff, in dem Omi lebte und starb, kam der nächste Tote. Ich lag in einem Pariser Krankenhaus, im Hôpital Lariboisière. Nach Mitternacht war ich dort angekommen, per Taxi und mit einem überdicken, zum Platzen bereiten Mittelfinger, rechts. Hündisch schmerzhaft. Ich stotterte auf Englisch, was passiert war: nichts. Nur dass ich in meinem Hotelzimmer aufgewacht war, aufgescheucht von einem rasenden Stechen.

Man versprach, mich morgen zu operieren, und wies mir ein Bett in einem Saal zu, in dem mindestens dreißig (!) Personen lagen. Eine laute Nacht begann, viele keuchten und schrien. Ein Asyl für Abkratzer, Zustände wie in einem vergangenen Jahrhundert. Neben mir stöhnte ein Mann, irgendwann war Stille. Sobald es hell wurde, holten sie ihn ab. Er war tot. Er sah kaputt aus, ein Schwarzer. Ich fragte und glaubte, das Wort »alcool« verstanden zu haben.

Ein Chirurg verarztete mich, schnitt auf, Blut und

Eiter flossen, eine freundliche Schwester cremte ein und legte einen mächtigen Verband an. Ich sagte brav »merci« und setzte mich ab, ohne zu zahlen. Ich war zweiundzwanzig und ziemlich arm.

Schon damals kannte ich den Satz von Freud, dass man erst ab dreißig den Tod als Wirklichkeit begreift. Davor ist man zu jung, um die Ungeheuerlichkeit hinzunehmen. So beunruhigten mich weder Omas Tod noch der des Ungekannten. Mein eigener Tod schien mir undenkbar, undenkbar fern.

Inzwischen war ich Student am Mozarteum, Bereich »Darstellende Kunst und Regie«. Eines Morgens, ein Jahr nach dem Vorfall in Paris, wurden wir knapp dreißig Schüler in den Saal der Probebühne gebeten und erfuhren, dass sich in der Nacht zuvor einer von uns das Leben genommen hatte. Getrieben, so mutmaßte man, vom Unglück in seiner Seele. Gefunden wurde er von der Freundin, die ebenfalls hier studierte und mit ihm zusammenlebte. Der Chef der Hochschule erzählte, was passiert war, und las uns zuletzt das *Sonett 66* von Shakespeare vor. Die letzten beiden Zeilen sind eindeutig: »Müde von all dem, wär Tod mir süß;/Nur, daß ich sterbend den Geliebten ließ.«

Um den Schock abzufedern, lernte ich das Gedicht auswendig. Die Übersetzung von Gottlob Regis war altmodisch und ergreifend. Literatur, auch die traurige, kann trösten.

Diesmal war es anders. Obwohl ich O. wenig kannte (er war ein Jahrgang unter mir), kannte ich ihn genug, um zu erschrecken. Ein blutjunger Mensch wirft sein Leben weg. Weil er die Gedanken in seinem Kopf nicht mehr aushält. Das franst an, wohl wissend, dass nicht jeder gefeit ist gegen das lautlose Gift, das eines Tages anfängt, durch den Körper zu kriechen. Ich fühlte mich nicht gefährdet, aber seltsam irritiert von der Tatsache, dass ein Leben so leise verschwinden konnte. Weg – und nichts änderte sich. Die Stunde Gedenken war vorbei, und der Unterricht ging weiter. Brutal, irgendwie. Später wurde klar, dass das Drama nicht an die Öffentlichkeit dringen sollte. Fraglos, um den Ruf der Schule nicht zu gefährden. Tatsächlich stand nichts davon in der lokalen Presse. O.s Tod war tabu. Nachfragen wurden höflich ignoriert. Ein Verbrechen war ausgeschlossen, der Fall somit erledigt.

Ich fing an, von den Toten zu lernen, ganz langsam: Schmerzen nicht aufheben, nicht aufhäufen – wie die Bedrückung über den Selbstmörder. Sie zulassen, sie empfinden, doch, doch, aber nicht auf ihnen sitzen bleiben. Sie irgendwann loslassen. Damit Platz ist für neue Anwürfe. Die kommen, garantiert. Und die man parieren muss. Wer das nicht kann, wird leiden. Mit einem Kopf voller Sperrmüll, der nicht aufhört zu wachsen. Das hat nichts mit Herzenskälte zu tun. Eher mit Spielregeln, um die vielen Jahre durchzuhalten.

Wie sagte es Martin Walser: »Wenn du kein Virtuose im Vergessen bist, verblutest du auf der Intensivstation Erinnerung.«

Es dauerte nicht lange, bis die Nachricht kam, dass sich noch ein Schüler das Leben genommen hatte. Ihn kannte ich besser, denn wir hatten beide in einer Schulinszenierung von Ödön von Horváths *Glaube, Liebe, Hoffnung* gespielt. Er war umgänglich, skurril und auf intelligente Weise bissig. Nichts, absolut nichts in W.s Benehmen ließ auf schwarze Löcher in seinem Inneren schließen.

Das reicht noch immer nicht. Über dreißig Jahre später wird sich M. umbringen. Kopfschuss. Er war mir während der Studienzeit am Mozarteum einer der Liebsten, er war klug, wissenshungrig und ausgesprochen höflich. Und begabt. Wir standen gemeinsam auf der Bühne in einem Stück, in dem der Prozess und die Verurteilung Jeanne d'Arcs verhandelt wurden, waren beide fiese, bigotte Verhörer.

Ich rechne nach: Von den insgesamt sechzehn (männlichen) Studenten meiner Zeit haben sich drei für den Suizid entschieden. Die Selbstmordrate liegt in Deutschland bei 0,01 Prozent, bei uns lag sie bei knapp zwanzig. Unheimlich.

Man könnte nun denken, dass unsere Hochschule eine Brutstätte gnadenloser Konkurrenz, Kälte und Bosheit war. Eine Schmiede zum Unglücklichsein. Ein Ort eben, der labile Heranwachsende früher oder später ins Elend trieb. Mitnichten. Wir hatten engagierte Lehrer und einen charismatischen Leiter. Natürlich waren wir ehrgeizig, eitel und hungrig auf Anerkennung. Aber wir liefen nicht mit dem Messer zwischen den Zähnen herum. Wir arbeiteten miteinander, wir feierten zusammen, Liebeleien passierten quer durch alle drei Jahrgänge.

Kurioserweise spielte ich etwa zur gleichen Zeit – in Ireneusz Iredynskis Stück *Leb wohl, Judas* – einen Mann, der Teil einer politischen Untergrundorganisation ist, doch unter Folter zum Verräter wird, zum Judas. Er überwindet die Schmach nicht und erhängt sich. Was mitten auf der Bühne gezeigt wurde. Bei der Premiere funktionierte die unterm Hemd verborgene Vorrichtung nicht korrekt, um den Fall des Körpers abzufedern. Bewusstlos musste ich weggetragen werden.

Es dauerte nur Monate, und ich bekam einen Brief vom Bruder einer Freundin aus Abiturzeiten. Sie war beim Segeln ertrunken, er hatte überlebt. Barbara war ein Ausbund von Lebensfreude. Und mit dreiundzwanzig tot. Als ich aufgehört hatte zu heulen, kam die nächste Einsicht: Nichts beschützt. Eine Welle reicht, um uns auszulöschen. Oder ein Hirn, das den Depressionen nicht mehr standhält. Oder ein Baum, der im Weg steht. (Wochen nach Barbaras Tod flog ein gemeinsamer Schulfreund aus der Kurve.) Nachrichten, die bizarrerweise meinen Lebenswillen stärkten. Er schien mir die einzig mögliche Antwort. Von der Idee überirdischer Hilfe hatte ich mich längst verabschiedet.

Natürlich war ich nicht immer auf der Höhe meiner Ansprüche, war schwach, war mutlos, schielte bisweilen nach Kompromissen. Doch der Wille blieb, dieser kategorische Imperativ: sich nicht gehen zu lassen, sich zu wehren – auch gegen die Botschaften vom Tod der anderen. Das dauert, denn aus dem Vorsatz wird am nächsten Tag keine Tat. Geduld muss her.

Umzug nach München. Über die jämmerliche Zeit als Schauspieler dort habe ich bereits berichtet. Ich verdiente so wenig, dass ich nachts – ich hatte ja einen festen Vertrag am Staatstheater – heimlich Taxi fuhr. Als erstaunlicher Liebhaber fiel ich ebenfalls nicht auf. Da der Text hier von den Toten in meinem Leben handelt, sei immerhin der Hinweis auf Sabrina erlaubt. Wir hatten das, was die Franzosen eine »histoire de cul« nennen, sanft übersetzt mit: Bettgeschichte. Sie nannte mich einen Feigling, der für die »große Liebe« nicht taugte. Was gewiss stimmte. So wurde sie bald meiner überdrüssig, da besessen von der Suche nach »dem einen, dem Richtigen«. Sie war ein paar Jahre älter als ich, vielleicht erklärt das ihre Eile.

Unergründliches Menschenherz. Monate später klingelte das Telefon, und der Anrufer stellte sich als Thomas R. vor. Wieder ein Bruder, diesmal der von Sabrina. Er habe meinen Namen in ihrem Adressblock gefunden. Er meinte, ich hätte ein Recht zu erfahren, dass seine Schwester nicht mehr lebe. Tod durch den Sprung aus einem Fenster im zehnten Stock. Bevor ich reagieren konnte, erfuhr ich von einem Abschiedsbrief. Sie sprach darin von einem gewissen A. – nein, nicht ich –, der sie verlassen hatte. Ich stotterte mein Beileid und erzählte ihm von Sabrinas unbedingtem Wunsch, die ewig wahre Liebe zu finden. Ein Hinweis, der niemanden tröstet. Aber irgendetwas musste ich ja sagen.

Ich werde noch begreifen lernen, dass Frauen, die nach dem Einen, dem Einzigen, Ausschau halten, gefährdeter sind als die, die leichtfertiger unterwegs sind. Wehe ihnen, wenn der Prinz nicht auftaucht. Und wehe den Männern (ich weiß, wovon ich rede), die es nie zum Prinzen geschafft haben.

Diesmal habe ich nicht geheult. Es hätte falsch geklungen, Sabrina und ich waren ja nie verliebt gewesen. Mich plagten auch keine Ressentiments, weil sie sich damals nicht mehr gemeldet hatte. Ich wusste von ihren Ansprüchen, und ich wusste, dass ich ihnen nicht genügen würde. Uns trennte so vieles, auch das Motiv ihres Selbstmords war mir unendlich fern. Kein Mensch darf Macht über mich haben, erst recht nicht die Macht über mein Leben.

»Sie haben es hinter sich.« Der Satz des mexikanischen Auftragsmörders ist wahr, auch wenn es aus seinem Mund maßlos zynisch klingt: Der Satz ist nicht zynisch, wenn ein Mensch freiwillig aus dem Leben scheidet. Wer das tut, muss vorher unvorstellbar gelitten haben. Sei es körperlich oder in der Seele – oder überall. Ich bin mir nicht sicher, ob ich jedem Unglück standhalten würde. Selbstmord hat etwas Faszinierendes. Die Aussicht, das Ende bestimmen zu können, wirkt beruhigend.

Männer werden ebenfalls verlassen und verlieren die Nerven. Jemand schickte mir, vielleicht ein Jahr nach Sabrina, die Todesanzeige eines Mannes, den ich als Zehnjährigen zum letzten Mal gesehen hatte: einen Mitschüler aus der Volksschule. Daneben ein kurzer Brief, erklärend: R., 27, hatte sich in die Badewanne gelegt und den Föhn mitgenommen. Aus Liebeskummer.

Wir zwei waren damals nicht befreundet, aber wir kamen ohne Probleme miteinander aus. R. war friedlich und eher unauffällig. Seine Eltern führten einen Milchladen, wo man Eis kaufen konnte. Für zehn Pfennig die Kugel.

Diesmal weinte ich. Womöglich aus Selbstmitleid. Der Abstieg als Schauspieler war nicht aufzuhalten, und meine psychosomatischen Einbrüche trieben mich von einer Therapie zur nächsten. In einer solchen Verfassung schwächelt das Immunsystem – innen wie außen. Nebenbei empfand ich Wut auf R. Wie kann man so närrisch sein, so ausgeliefert? Ist die Liebe davon, dann suche man sich eine neue. (Der Rat gilt auch für Frauen.) Ich will Mann sein und Niederlagen aushalten, es lernen. Schwache Menschen verunsichern mich. Ist das ein Zeichen eigener Schwäche? Schon möglich.

Die strapaziösen Nachrichten hörten nicht auf. Bald

erfuhr ich aus den Medien vom Tod Sylvia Manas'. Sie war neunundzwanzig und bereits ein Star. Ob TV, ob Film, ob Theater, die Schauspielerin war rastlos gefragt. Nur vier Jahre zuvor hatten wir gemeinsam einen kleinen Film für das österreichische Fernsehen gedreht. Eine vertrackte Liebesgeschichte. Nur sie und ich, und gewiss mit intimen Szenen. Alle am Set waren hinter ihr her, so schön war sie, so begabt. Und so sweet. Sie mochte meine Nähe, nicht als Liebhaber, aber als einem, dem sie vertraute, mit dem sie über ihre melancholischen Schübe und ihre (damals) wenig erfreuliche Ehe reden konnte. Sie war wunderbar reich im Kopf und auf sanfte Weise ironisch. Dass sie bis zu ihrem Unfall mit Dieter Wedel liiert war, gehört – eingedenk dessen, was man heute über den Mann weiß – zu den Widersprüchlichkeiten menschlichen Verhaltens.

Sylvia Manas verunglückte am Steuer ihres Wagens, auf der Autobahn zwischen München und Salzburg. Vermutlich, so hieß es, durch eine Unachtsamkeit, eine falsche Reaktion. Niemand sonst war involviert.

Manche Tote strengen mehr an als andere.

Ich flog nach Indien, denn ich bekam mein Leben nicht in den Griff. Nirgends. Auch ein Engagement in Wien machte aus mir keinen brauchbaren Schauspieler. So landete ich in Poona, bei Bhagwan, dem damals berühmtesten Guru. Er war berüchtigt für seine Radikalkuren, vielleicht entdeckte ich dank ihm eine Begabung, die bis dato für keine Karriere gereicht hatte.

Bhagwan war ein Weltwunder, und nicht einen Tag will ich bereuen. Obwohl ich mich um keinen Millimeter verbesserte, beruflich. Aber das ist nicht das Thema hier.

In Indien sah ich zum ersten Mal einen Menschen auf einem Scheiterhaufen liegen und lichterloh brennen.

Von diesem Abend soll berichtet werden: Ich gehe zur Verbrennungsstätte, nahe am trägen Mutha River. Prem Anando, eine einundzwanzigjährige Engländerin, ist an chronischer Hepatitis gestorben. Ich kannte sie flüchtig aus einer Meditationsgruppe im Ashram.

Es dämmert, der Platz vor dem Krishna-Tempel füllt sich langsam, Frauen, Männer, Kinder, fast alle orangefarben gekleidet, fast alle Schüler, Anhänger, Bewunderer, wie immer man sie nennen mag, von Bhagwan.

Die Prozession kommt, vier Swamis tragen die mit Blumen geschmückte Bahre mit der Toten. Nur das schöne, blasse Gesicht ist zu sehen. Friedlich, keine Spur von Bitterkeit.

Niemand trauert, kein stummes Dastehen und Betrübtsein. Im Gegenteil, viele lachen, viele reden, viele singen. Manche haben ihre Instrumente mitgebracht, Bongos, Gitarren, Saxofone: »Walk into the holy fire/ Step into the holy flame.«

Die Bahre wird auf den mächtigen, etwa 150 Zentimeter hohen Holzstoß gelegt. Ich habe einen schwer bedrängten Platz in der ersten Reihe, nur einen Schritt entfernt. Jemand wirft eine Fackel, eine Stichflamme lässt uns zurückweichen, furios schnell umzingelt das Feuer das benzingetränkte Holz. Eine Hochofenhitze und beißender Rauch durchdringen die Luft. Ich ziehe das T-Shirt aus und drücke es gegen das Gesicht. Husten, durch die winzig geöffneten Augen schaue ich auf Anando, noch liegt ihr junger Körper unversehrt da.

Der schwarze Fluss, die Nacht, die Feuersbrunst, der tief von Regenwolken verhangene Himmel, inniger kann das Leben gerade nicht sein. Wir beginnen, um den brennenden Leichnam zu tanzen, ganz nah, bald zügellos und wild. Lunghis, Schals, Schmuck, Halsbänder und Obst landen im gierigen Feuer. Der Schweiß der Musiker, der Schweiß der Tanzenden.

Immer wieder starre ich auf die Tote, deren Kopf sich langsam aufrichtet, mit den versengten Haaren und den züngelnden Flammen aus den Augenhöhlen. Die Konturen des nackten Schädels sind nun erkennbar, das Fleisch knallt, der linke Oberschenkel brennt ab, die eine Hälfte des Knochens ist schon sichtbar, auch er ragt in die Höhe.

Stunden vergehen, viele haben die Stätte inzwischen verlassen, es ist still geworden. Nur das Knistern des Feuers, das unaufhaltsam Anandos Leib verschlingt. Bisweilen springen die Eingeweide aus dem kochenden Becken, die Nase weg, die Augen bereits leer gefressen, der Mund treibt auseinander – als wollte ein gellender Schrei nach draußen. Die Zähne noch vorhanden und die zu Hautfetzen verkommenen Lippen. Zwei Stümpfe, ach, der kümmerliche Rest ihrer Beine.

Drei Uhr morgens, ein paar neugierige Kühe tauchen auf. Bestimmt hat Anando sehr am Leben gehangen, noch immer kämpft sie. Der widerspenstige Schädel, auf eine Faust zusammengeschmolzen, führt einen erbitterten Kampf gegen die Flammen. Mir kommen die Tränen, wie anderen auch. Mich tröstet kein Gedanke an die Wiedergeburt. Nur eine andere Fabel, um uns den Schrecken vor dem Sterben zu nehmen. Anando ist tot, und sie wird nicht wiederkommen, nicht als englische Studentin und nicht als dreibeiniger Hund in einem Hinterhof von Kolkata. Für eine Ewigkeit ist sie verschwunden.

Wie sagte es Bhagwan: »Die Frage ist nicht, ob es ein Leben nach dem Tod gibt, die Frage ist, ob du vor dem Tod am Leben warst.«

Als ich aus Indien zurückkehrte, ging es mir die ersten Monate schlechter als zuvor. Die körperliche Umstellung, die seelische, nichts erwartete mich im knallharten Westen. Ein paar Rückkehrer, so war zu hören, kamen mit den Herausforderungen nicht zurecht und beendeten entmutigt ihr Leben.

Ich nicht, ich stabilisierte mich langsam. Dennoch, Indien machte aus mir keinen Bühnenstar, aber ich sah nun klar genug, dass es für ein Schauspielerleben nicht reichte – immerhin. Mehr Klarheit war nicht, der Rest blieb ungewiss. Ich wurde wieder Taxifahrer, bezog Stütze und tingelte mit Gedichten von Brecht und Goethe durch bayerische Kaschemmen. Ich war jetzt über dreißig, und die Zukunft schien eher aussichtslos zu sein. Da ich wie ein Hungerkünstler aß und wohnte, konnte ich sparen – und reisen. In keiner Sekunde wäre mir eingefallen, damit eines Tages Geld zu verdienen.

Mein Vater starb. Einsam – wie er es verdiente. Schon als Minderjähriger lebte ich mit ihm in Scheidung. Er war der wichtigste Tote von allen. Jahrzehntelang hatte ich mir sein Ende gewünscht. Dann kam es, und ich schluchzte eine Nacht lang an seinem offenen Sarg: über uns beide und die Einsicht, wie wir unser gemeinsames Leben verpfuscht hatten.

Acht Stunden später wurde er in der Familiengruft begraben, hinein ins dunkle Loch zu Toten, die ich nie kennengelernt hatte. Plötzlich empfand ich Ekel bei der Vorstellung, einen Menschen in zwei Meter Tiefe abzuladen. Auf dass er dahinsieche und verwese. Dieser

Abscheu hat sicher mit den Erfahrungen in Indien zu tun. Das Feuer eines Scheiterhaufens sorgt für ein sauberes Finale.

Nach der Beerdigung war die Sache erledigt. Ich war vorher schon vaterlos gewesen, und jetzt war es amtlich. Die Nachricht stärkte mich, es ging aufwärts. Bei manchen beginnt das Leben mit dem Tod eines anderen.

Die Wunde – der missratene, liebesunfähige Vater – verschloss ich. Die Gewissheit, dass er tot war, hielt den Stich in Schach. Ich kam zurecht mit ihm. Nie habe ich mir lange erlaubt, mich und die Welt mit meiner Trauer zu behelligen. Leben hat Vorfahrt, und Narben sind Teil davon. Wieder einmal: Ich halte Schwäche nicht aus.

Zu dieser Zeit fiel mir auf, wie oft ich als Jugendlicher und als längst Erwachsener respektlos über alte Frauen und Männer sprach. Viele machen das. Auch eine Folge des Jugendwahns. Doch der Hohn hat tiefere Gründe. Die Erfahrung des Alterns, das stetige Näherkommen des Todes, ist so ätzend, dass wir uns – obwohl noch weit weg von ihm – via Spott und Ablehnung zu retten versuchen. Ihr Anblick zeigt uns, wo wir eines Tages landen: im Schattenreich der Alten, schon lange nicht mehr biegsam und attraktiv, dafür so nah der Aussicht zu sterben, ja, sterben zu müssen.

Das musste sich ändern, die Respektlosigkeit. Auch um mich selbst zu schützen. Denn je boshafter ich heute missachte, desto mehr werde ich, wenn meine Zeit gekommen ist, leiden. An mir, dem Alten, und an der Verachtung der Jungen.

Die Angst vor dem Tod, warum? Jeder hat seine Gründe. Bei mir ist es nicht so sehr das Gefühl, dies und das will ich noch erleben. Das zählt, gewiss. Aber drängender ist die Angst, die kurz vorm Sterben sagt: Du hast nicht genug geleistet, nicht genug geliebt, bist oft feig und faul gewesen. Du hättest ein sinnlicheres Leben, ein tieferes haben können. Wenn.

Die Angst ist lästig, doch sie treibt zugleich an. Bisweilen unerbittlich. Ihre Botschaft ist unüberhörbar: Ein missratenes Leben darf nicht sein! Wie unzumutbar wäre das.

Ein Wunder geschah. Das Wort stimmt. Drei Jahre nach dem Tod von Vater wurde ich Reporter. Von heut auf morgen. Als Ungelernter, als Quereinsteiger, als Ex-Schauspieler, den keiner wollte. Auf einer Reise durch Peru fiel mir einst dieses Handwerk ein, und ich fing an, davon zu träumen. Das einzige Handwerk, das ich aushalten, und das einzige, für das die Begabung – vielleicht – reichen würde.

Die Zahl der Toten wuchs, berufsbedingt. Keine Toten, die altersschwach und selig entschliefen, eher solche, die zäh dahinsiechten oder krepierten oder blitzschnell verschwanden. Das Gefühl von Chaos und Fassungslosigkeit verstärkte sich. Meist war ich außerstande, eine Erklärung für diesen oder jenen Tod zu finden. Auf das Banalste reduziert: Sie kamen um, weil sie sich zur falschen Stunde am falschen Ort befanden. Aber ich war bisweilen zur selben Stunde am selben Ort. Und überlebte. Nicht, weil ich cleverer war oder – ich muss grinsen, wenn ich das hinschreibe – es »verdiente«, sprich, von himmelhochdroben beschützt wurde. Nein, Zufall war es, nackter, blindwütiger Zufall, der mich davonkommen ließ.

Bei der »Todeswallfahrt« in Kaschmir, meiner ersten Reportage, ging es hinauf bis auf 4500 Meter Höhe – auf der indischen Seite des Himalajas. Um oben den Eis gewordenen Penis von Gott Shiva – so die Legende – zu berühren. Das stärke die männliche Potenz, die weibliche Fruchtbarkeit. Hoffen sie. Tausende Hindus nehmen an der Pilgerreise teil, und ein paar stürzen ab. Jedes Jahr. Nicht, weil es so gefährlich ist, nein, weil sie einen Moment nicht achtgeben und mit dem Fuß auf die falsche Stelle treten. Zweimal kam ich an Passagen vorbei, an denen kurz zuvor Wallfahrer abgestürzt waren. Tief nach unten. Und für lange Zeit, wenn nicht für immer, dort liegen bleiben würden. Zu kompliziert, so hieß es, die Leichen zu bergen.

Wie rasant, wie ganz nebenbei ein Mensch verschwinden kann. Bei einer aussichtslosen Krankheit sieht man den Tod sich nähern, hier nicht. Hier haut er um, nicht eine Sekunde bleibt, um ihm auszuweichen. Dass nicht einmal, wie hier, ein Begräbnis stattfindet, verstärkt nur den Sinn für die Absurdität des Lebens. Der Tod dieser Leute hat keine höhere Bedeutung. Sie sind für nichts und niemanden gestorben. Ihre Leiber stürzten nach unten, und keiner wird sie wegräumen. Viel sinnloser lässt sich nicht sterben.

Ach, Indien, noch eine Reportage: Auf dem Weg hinauf zum Ursprung des Ganges wurde mehrmals vor Steinschlag gewarnt. Hatte man Glück, so sah man rechtzeitig Geröll herunterkommen. Und wartete. Dann die nächsten hundert Meter im Sprint überqueren. Dann unbeschwert weiterziehen. Bis wieder ein Schild auftauchte. Diesmal sah ich zwei Leichen, zwei Italiener, wie ich später erfuhr, unten in einer Schlucht verrotten. Von Granitbrocken hinweggefegt. Was denkt ein Mensch in den Sekunden, in denen er weiß, dass es ihn nicht mehr geben wird?

Nähe von gepeinigten Sterbenden, denen man hilflos beim Sterben zusieht.

Das Widersprüchliche: Es zieht mich immer wieder hin zu Menschen, deren Dasein in ein paar Minuten oder ein paar Stunden vorbei sein wird. Getrieben von der absonderlichen Hoffnung, dass ich eine letzte Weisheit, einen letzten Satz höre, der mir selbst helfen könnte beim Loslassen.

Ich habe diesen Satz nie erfahren. Es gibt ihn nicht.

Von einigen Toten will ich noch berichten. Von denen ich fast nichts weiß, obwohl ich mich bei ihrem Sterben in direkter Nähe befand.

Der Reihe nach: Ein Krankenhaus in Kabul, wo eine junge Frau – zu 90 Prozent verbrannt – gerade eingeliefert worden war. Die Achtzehnjährige hatte mit Dynamit hantiert, wusste nicht, um was es sich handelte. Dunkelschwarz versengtes Fleisch riecht gräulich. Da das internationale Rote Kreuz das Hospital finanzierte, gab es genügend Morphium, um die glühenden Schmerzen zu betäuben. Fiebrige Töne kamen aus Nadaras Mund. Ihr Bruder Hafiz stand leise murmelnd am Bettende. »Betest du?«, fragte ich ihn. »Ja, damit sie sterben darf.« Sie hatte Glück, sie starb noch am selben Tag. Herzversagen.

Die jungen Männer, die neben den Gleisen auf der Strecke zwischen Soweto und Johannesburg lagen. Männer, an denen Fotograf Ken Oosterbroek und ich kurz vorher vorbeigekommen waren und die nach einer halben Stunde nicht mehr lebten. Mit Beilen und Macheten hingerichtet von marodierenden Zulu-Banden: angestiftet und bezahlt von Weißen, die nicht wollten, dass Mandela – ein Schwarzer – als Präsident gewählt wird.

Ihr Morden sollte der Welt beweisen, dass die »Kaffern« (Afrikaans für »Nigger«) für Politik nicht taugten.

Postskriptum: Zwei Jahre später wurde Ken, der Freund und Meisterfotograf, mit einunddreißig erschossen. Unsere Freundschaft war schnell gewachsen, die gemeinsam erlebten, haarsträubenden Szenen hatten wie ein Katalysator gewirkt. Ich erinnere mich nicht, länger und heftiger den Tod von jemandem beweint zu haben.

Weiter nach Phuket, der berühmten Insel vor der Westküste Thailands, über die am 26. Dezember 2004 ein Tsunami fegte und wo ich tags darauf eintraf, um einen Bekannten zu suchen. Und ihn fand, in Sicherheit, und die vielen Leichen sah, die aufgedunsen vom Wasser am Strand lagen. Mit ungeheuer entstellten Gesichtern. Mich überkam der abstruse Gedanke, dass sie zweifellos tot waren, aber etwas von ihnen noch lebte: das uns Lebenden nun traurig zusah, wie wir da sein durften, wie wir das so unverdiente Glück hatten, noch nicht sterben zu müssen. Ich setzte mich in den Sand, das Meer war wundersam friedlich. Weit entfernt standen Trucks und Arbeiter, die alle Toten fotografierten, sie in einen Plastiksack legten und aufluden. Sie kamen nur langsam voran, es gab viel zu tun.

Tatort Afrika. Der Sahelflüchtling, der mit neun anderen und mir die Meerenge zwischen Marokko und Spanien überquerte – und mit einem Steuermann, dem Schlepper, der uns jede Bewegung verboten hatte, um das übervolle Boot nicht zum Kentern zu bringen. Und der junge Kerl stand aus unerfindlichen Gründen doch auf – im selben Augenblick schlugen die heftigen Wellen eines querfahrenden Tankers an die niedrigen Wände – und verlor den Halt und kippte ins Wasser. Wir stoppten, starrten in die Nacht, auf das schwarze Meer, horchten. Aber nichts zu entdecken, keine wild gestikulierenden Arme, nichts zu hören, kein Schrei, kein Gellen. Nur Stille. Ein leiser Tod, wie bei den meisten Ertrinkenden.

Eine winzige Unachtsamkeit, und ein Mensch bezahlt mit seinem Leben. Eiskalte Naturgesetze. Eine falsche Geste – und du musst sterben.

Noch ein letzter Fall zum Thema »Reporter und Tod«, sonst wird die Liste zu lang. Ich arbeitete in einem buddhistischen Tempel, wo HIV-Infizierte und Aidskranke betreut wurden. Als Hilfskraft, sprich, Windeln wechseln, massieren, die Frauen und Männer zur Toilette begleiten, sie duschen. Eines Tages bat mich Yves, der belgische Arzt, der hier seit Monaten (unbezahlt) Behandlung und Pflege koordinierte, an das Bett von Taween. Eine hübsche junge Frau, keine äußeren Wundmale entstellten ihre Haut. Sie würde die nächsten Stunden nicht überleben, so Yves. Die Politik des Hauses war eindeutig: Niemand darf beim Weggehen allein sein. So setzte ich mich neben sie, nahm ihre schon kalten Hände, hielt sie und war still. Keine Sprüche, kein Flüstern, nur da sein und dableiben. Taween schlief mit halb geschlossenen Augen, noch atmete sie, dann eine längere Pause, dann ein Ruck, als ob das Herz erneut anspränge. Eine Zeit lang der stets gleiche Rhythmus. Dann plötzlich ein Gurgeln, zwei, drei Konvulsionen des Körpers, wieder Stille – aus.

Einen »schönen Tod« nennen sie das hier. Weil ohne Bewusstsein, ohne Kampf und Widerstand. Dennoch, sterben neben einem Fremden, ist das schön? Vielleicht doch weniger einsam, weil einer da ist, der Anteil nimmt.

Als ich nach Europa zurückkam, hörte ich vom Tod

Helens. Wir hatten – Jahre zuvor – einen durchaus angenehmen One-Night-Stand. In ihrer Wohnung in Paris. Aber am folgenden Morgen war die Wärme vorbei. Und ich *Persona non grata.* Trotz mehrerer Versuche meinerseits, ihr den Grund für die Kälte zu entlocken, verweigerte sie fortan jede Aussage. Folglich auch jede Intimität. Von ihrem Selbstmord erfuhr ich durch einen Anruf bei ihrer Arbeitsstelle, der *International Herald Tribune.* Bei der die Amerikanerin arbeitete – als Korrektorin. Ich hatte dort angerufen, absurderweise, weil ich ein letztes Mal herausfinden wollte, was damals passiert war. Aus schierer Neugier. Das Gespräch mit ihrem Bürochef war erstaunlich offen, obwohl wir uns nicht kannten. Ja, sie sei immer depressiver geworden, ja, er wusste sogar, dass sie Drogen sniffte. Um ihr Unglück auszuhalten. Ihr Traum war das Leben als Filmemacherin, doch zweimal fiel sie bei der Aufnahmeprüfung durch. Und als Autodidaktin fehlte ihr wohl die Kraft, das Unbeirrbare. Und so drehte sie eines Tages den Gashahn auf und steckte den Kopf ins Backrohr. Der Geistesgegenwart der Concierge war es zu verdanken, dass an diesem Nachmittag nur Helen starb, und kein Haus und die übrigen Hausbewohner in die Luft flogen.

Als Taxifahrer hatte ich immer wieder Leute befördert, die mir von ihren jugendlichen Illusionen berichteten. Die gern als Musiker oder Schriftsteller oder Maler oder Schauspieler berühmt geworden wären. Aber nichts davon wurden. Aber auch nicht daran zugrunde gingen. Irgendwann hatten sie ihr Herz beschwichtigt und waren einverstanden mit einem weniger glamourösen Beruf. Nicht Helen, sie wollte leuchten.

Meine Mutter starb. Nicht allein, doch ohne mich. Ich

war weit weg, und die Gefahr, dass ihr Ende so schnell kommen würde, bestand nicht. Sie war kein niederträchtiger Mensch, gewiss nicht, sie war großzügig und herzensgut. Was ihr, der Untröstlichen, das Leben verdarb, war ihre Schwäche. In ihrer Nähe habe ich gelernt, später allen Schwachen aus dem Weg zu gehen. Frauen wie Männern. Bei ihr habe ich mit ansehen können, in welche Untiefen ein Leben führt, in dem man sich nicht wehrt. Nicht gegen den Terror eines Ehemanns, nicht gegen den Terror einer Religion, deren schamlose Drohgebärden und Panikszenarien sie in einen Zustand permanenter Furcht versetzten. Einst hatte ich ihr einen Merkvers von Nicolae Ceaușescu, dem Blutsauger und langjährigen Staatspräsidenten Rumäniens, aufgeschrieben: »Du kannst mit dem Volk tun, was du willst, du musst ihm nur genug Angst einjagen.« Hatte noch erwähnt, dass der Satz für den Kommunismus und für jeden anderen Erlösungswahn gilt. Sie lächelte nur abwesend. Sie war längst das perfekte Opfer, hatte längst den Giftbecher geschluckt.

Mutter starb dreimal im Laufe ihrer Jahre, einmal als Schönheit, einmal als Ungeliebte, einmal als Demenzkranke. Zu ihrer Beerdigung war ich rechtzeitig zurück und empfand ähnlich wie damals beim Tod von Großmutter: Erleichterung, gut, dass die geschundene Seele nun Ruhe hatte. Selbst der Nonsens des Pfarrers störte nicht. Mutter war jetzt taub, nicht mehr erreichbar für den metaphysischen Hokuspokus. Sie war in Sicherheit.

Eine kleine Szene, sie soll aufheitern. Und zeigen, dass Tote ungemein zum Leben inspirieren können. Ich besuchte die Pyramiden bei Kairo. Die offiziellen Besuchszeiten waren schon vorbei, aber inoffiziell geht es in

Ägypten fast immer weiter. Hassan sprach mich an, er gehörte zu den Heerscharen von Guides, die mitverdienen wollen am Weltwunder von Gizeh. Hassan war inoffiziell unterwegs, da ohne amtliche Befugnis. Das funktioniert, solange er an die *Tourist Police* diskret das übliche Bakschisch abdrückte.

Wir wanderten durch die Gräber der Sklaven, die hier vor 4500 Jahren den Geist aufgegeben hatten. Aus Erschöpfung, so darf man vermuten. Es war bereits Nacht, und durch die Treppen und Schächte, in die wir hinabstiegen, drang nicht einmal das Leuchten des Vollmonds. Unsere Taschenlampen gaben genug Licht.

Irgendwann stoppte Hassan und berichtete, dass er noch einen Nebenberuf ausübe: wenn Interesse bestünde, würde er die Herumgeführten beschlafen. Oder sich von ihnen – der Fünfunddreißigjährige begeisterte sich für beide Geschlechter – beschlafen lassen. Er würde dann einfach die Gruppe vorausschicken und hurtig neben oder auf einem Sarkophag die Kundschaft bedienen. Die ausländischen Damen würden kostenlos versorgt, die Herren müssten ein paar Scheine spendieren. Auch mit mir könnte er sich ein »Ficki-Ficki« – der amüsante Dicke kannte die wichtigeren Wörter in fünf verschiedenen Sprachen – zu vorgerückter Stunde vorstellen. Jetzt, sofort. Ich bräuchte nur Ja zu sagen, und los ginge es.

Wieder zurück nach Europa. Schauspieler werden, Schauspieler sein, irgendwie scheint das eine gefahrvolle Tätigkeit zu sein. Nein, die Rede ist nicht von mir, meiner nicht stattgefundenen Karriere. Das Talent fehlte, wie banal. Ich erinnere jedoch an die beiden Selbstmorde am Mozarteum und will von einem weiteren Kollegen berichten, der in meinem Jahrgang gewesen war und bald nach Abschluss der Ausbildung durchstartete, mich links und rechts überholte. Es kamen so peinsame Augenblicke, in denen ich unten im Publikum saß und ihn die Hauptrolle spielen sah, während ich – am selben großen Theater – abends darauf in einem anderen Stück einen lächerlichen Auftritt hatte.

Aber B. trieb eine Sucht. Er trank. Er fing damit schon in unserer gemeinsamen Zeit in Salzburg an. Warum? Er sah gut aus, war intelligent, war charmant im Umgang mit Frauen. Warum also? Ich weiß es nicht.

Wir verloren uns aus den Augen, doch irgendwann, zwei Jahrzehnte später, rief ich ihn an und lud ihn zu einer Lesung in der Stadt ein, in der er lebte. B. winkte ab, stattdessen erzählte er von seinem übervollen Terminkalender, der ihm keine freie Minute gönne. Schön aberwitzig, denn inzwischen galt B. als unvermittelbar: nachdem er – bisheriger Höhepunkt – sturzbetrunken bei einer Generalprobe von der Bühne geflogen war. Und aus dem Vertrag. Ich hielt den Mund, wollte ihn nicht kränken. Keine fünf Monate danach war B. tot. Totgesoffen. Mit neunundfünfzig.

Er war ein Mensch, mit dem ich während der drei Jahre am Schauspielseminar viel erlebt hatte – viel Lampenfieber, viel Konkurrenz, viel Gemeinschaft. Ihn oft beneidete. Für sein lässiges Grinsen, seine Nonchalance, mit der er durchs Leben ging. Doch irgendetwas, verborgen in ihm, zog ihn Richtung Abgrund. Was? Warum? Ich rätsle immer über den frühen Tod von Frauen und Männern, die – so reich anfangs beschenkt – eines Tages falsch abbiegen und mit roher Konsequenz ihre Existenz ruinieren.

Gila sei noch erwähnt. Sie hatte ich ebenfalls am Mozarteum kennengelernt. Als Dozentin, die jeden Freitagnachmittag angereist kam und für ein paar Stunden Theatergeschichte unterrichtete. Witzig, rasant, kein dröges Herunterleiern von Daten. Ich wette, jede und jeder von uns wollte mit ihr ins Bett. So attraktiv, so klug war sie.

Erst zehn Jahre später wurden wir Liebhaber. Längst weg aus Salzburg. Sie war noch immer Professorin, Buchautorin und Fotomodell. Ein Wunderwesen, das Bewunderung und Furcht einflößte. Eine starke Frau ist für viele Männer eher eine Zumutung, sie fühlen sich bedroht. Doch wir zwei, abgesehen von infantilen, kurzfristigen Egomanien, kamen gut miteinander aus. Sie war frei im Kopf, absolut desinteressiert an bürgerlicher Moral. Ihr Geist und ihr Körper überwältigten.

Irgendwann fingen wir an auseinanderzudriften. Der einfache Grund: Ich zog um, weit weg. Der grausame Grund: Ihr einziges Kind – Heroinjunkie und aidsverseucht – wurde von einem anderen Süchtigen erwürgt. Und der entscheidende Grund, ja, der: Gila wollte sich nicht mehr herzeigen. Das Alter hatte sie eingeholt und wurde ihr Todfeind. Die Blicke waren verschwunden, das Begehrtwerden, die souveräne Gewissheit, erotisches Fieber zu entfachen. Sie hielt noch eine Weile durch, doch an einem Augusttag schluckte sie eine Schachtel Schlaftabletten und verschwand. In ihrer Abschiedsnotiz stand, dass »nichts und niemand diesen Ekel besänftigen konnte, immer weniger zu werden«.

Nicht drei Tage vergehen, ohne an sie zu denken. Riskante Gedanken.

Im Griechischunterricht am Gymnasium hatte ich

mich in Epikur verliebt, den Philosophen, der vor gut 2500 Jahren in Athen lebte. Verliebt in seine Ideen, seine Unbekümmertheit. Sich krümmen vor Gott und den Göttern verachtete er, und den Wahn, man könne mit Gebeten und Gaben das Schicksal der Welt beeinflussen, verspottete er. Doch auch seinen Umgang mit unser aller Gewissheit zu sterben fand ich tröstlich. Nicht Tag und Nacht, da es bisweilen kein Wort gibt, um den Verlust des Lebens hinzunehmen. Und dennoch, bisher habe ich nichts Klügeres zum Thema auswendig gelernt als diesen Absatz, den Epikur in einem Brief an einen Freund schrieb: »Das schauerlichste aller Übel, der Tod, hat also keine Bedeutung für uns; denn solange wir da sind, ist der Tod nicht da, wenn aber der Tod da ist, dann sind wir nicht da.« Die Kunst sei, »ein gutes Leben zu führen, das ohne die Furcht vor dem *Danach* auskommt«. Ganz trockene Zeilen sind das, unsentimental und durchaus hilfreich.

Während ich dieses Kapitel schreibe, bekomme ich die Nachricht, dass meine »Tante Carola« den Freitod gewählt hat. Frei, das Wort passt zu ihr. Mit Bedacht entschieden, da längst in Betracht gezogen, längst Mitglied bei EXIT, der Suizidbegleitung. Aufhören, so ihr Wille, wenn die Schmerzen zu heftig werden und die Aussichten auf ein geistig und körperlich bewegliches Leben nicht mehr existieren. Sie war fünfundneunzig, hatte alles erreicht, auch eine große Liebe, zwei liebende Kinder, eine höchst erfolgreiche Karriere als Kinderpsychologin und Publizistin mit Doktortitel. Sie war nie eine »echte« Tante, aber ich lernte die Freundin meiner Mutter als Junge kennen, und so blieb es bei der Bezeichnung. Sie war die einzige Frau, auf die mein Vater hörte (klugerweise entzog sie sich seinen tapsigen Verführungsversuchen), zudem hatte sie mir durch ihr Denken und Reden geholfen, die Flucht von zu Hause anzutreten. Über fünfzig Jahre lang habe ich sie beneidet. Um ihre Klarheit. Bis auf den heutigen Tag. Ihr Ende ist der gelassene Abschluss eines souveränen Lebens.

Gila tötete sich aus Verzweiflung, Carola mit dem Gefühl von Souveränität. Wie folgerichtig, dass der eine Tod die Überlebenden beschwert und der andere eine Art Zustimmung auslöst. Und Bewunderung. Weil jemand bis zuletzt seine Werte nicht verriet. Beide Frauen haben übrigens auf jeden »spirituellen Beistand« verzichtet. Sie glaubten nur ans Diesseits, himmlische Belohnungen und höllische Teufel blieben ihnen fremd.

Noch zwei Tote. Die vorläufig letzten. Noch zwei Frauen, noch zwei, die ihr Dasein nicht mehr aushielten. Ich bin selbst überrascht über die hohe Zahl jener, die ich kannte und die sich frühzeitig verabschiedeten. Reiner Zufall. Ich habe weder den schicksalhaften Akt befördert noch ihn verhindern können. Keine Sekunde käme ich auf die Idee, mich als tragische Figur zu sehen. Am Ende des Tages ist der lebensmüde Mensch allein, beklemmend allein mit seiner Entscheidung.

Ich schreibe auch über diese Frauen, um mich zu bedanken. Für alles, was sie mir schenkten. Sei es als Liebhaberinnen, sei es als geistige Gefährtinnen, sei es für das eine und/oder das andere. Wie die meisten denke ich beim Tod einer Person, die mir nahestand: Fuck, ich hätte großzügiger sein sollen, milder, nachsichtiger, nicht so oft beschäftigt mit dem eigenen Wichtigsein.

Dania war Polin, die als kleines Mädchen mit ihren Eltern nach Deutschland gekommen war. Bereits als

Zwölfjährige wurde sie als Schönheit in der Verwandtschaft herumgereicht. Zudem fiel sie in der Schule als ausnehmend intelligent auf. Die häuslichen Verhältnisse waren in Ordnung, solide Mittelklasse, unauffällig, nicht viel Wärme, aber auch keine Gewalt. Nichts fehlte für ein gelungenes Leben.

Seltsamerweise gelang so wenig. Irgendetwas in ihr, sagte sie einmal, wollte in der neuen Heimat nicht ankommen. So ein Umzug mag irritieren, doch ist noch kein Grund, sich von einem Irrweg in den nächsten zu verlaufen: schon früh die ersten Kinder zeugen, gleich mit dem ersten falschen Mann – zuerst Heroinspritzer, dann Alkoholiker. So unreif und geschlagen wie sie – wie so viele – von der Illusion, dass der eine die Probleme des anderen lösen wird. Das funktioniert nicht. Im Gegenteil, die Probleme verdoppeln sich.

Andere Männer kamen, andere Kinder, die Last des Alltags wurde nicht leichter.

Dania war schwermütig, fiel regelmäßig in Depressionen und Zustände namenloser Angst. Bisweilen redete sie wie Kassandra, die vor keinem Abgrund zurückwich. Und sie war schwach, willensschwach. Schon als Teenie. Mehrmals weinte sie in meiner Gegenwart über diesen »Makel«, so nannte sie es: dass sie nie die Kraft besaß, einen ihren Fähigkeiten gemäßen Beruf zu erlernen. Sie fing etwas an, hörte auf, fing etwas anderes an und war nebenbei das rundum beschäftigte Allzweckmöbel: war Köchin, Erzieherin, Putzfrau und nachts Gattin mit einem primären Geschlechtsorgan zur sorglosen Befriedigung des Herrn, der mit ihr das Ehebett teilte. Und sie war durchgehend abhängig vom Geld des jeweils Sorglosen. Und die letzte Todsünde: Zum Haushaltsgeld gab es bisweilen ein paar Prügel. Auch die nahm sie hin – ohne sich zu wehren, ohne schreiend davonzulaufen, ohne den Täter vor aller Welt zu denunzieren.

Irgendwann begann sie, deutsche Auschwitz-Literatur ins Polnische zu übersetzen. Texte, die gewiss nicht die Lebensfreude befeuern. Und irgendwann verlor sie das Interesse und haderte, wie üblich, mit ihrem Mangel an Konsequenz.

Wir hatten uns bei einer Lesung kennengelernt, und wann immer sie nach Paris kam, um mich zu besuchen, sagte sie: »Ich komme nach Frankreich und zu dir, um mich von meinem Leben zu erholen.« Wie begabt sie mit Sprache umging.

Doch weder Paris noch ich konnten Dania erlösen. Auch nicht Therapien, auch nicht der Aufenthalt in einer therapeutischen Tagesklinik. Umso weniger, als nun unerklärbare Schmerzen ihren Körper heimsuchten. Sie irrte von Arzt zu Arzt, die nichts fanden und Medikamente verschrieben, die nichts linderten. Vermutlich plagten sie psychosomatische Leiden, die sich im Leib manifestierten, deren Ursprung aber im »Gemüt« der Gepeinigten lag. Doch Dania, wie typisch, gab die Suche nach Hilfe bald auf, lehnte ebenfalls – dringende Bitte von mir – einen Check-up via MRT-Röhre ab. Die fürchte sie. Selbst der Hinweis, dass sie vorher Beruhigungsmittel bekäme, ja, sie nur mit dem Finger eine Klingel betätigen müsse, wenn sie es nicht mehr aushielte: »Nein.« Möglicherweise hatte sie recht, kein Wunder der Technik hätte sie gerettet.

Es ist ein ungemein komplexer Vorgang im tiefsten Innern eines Menschen, der ihn daran hindert, rigoros einen Ausweg einzuschlagen, dafür lieber rigoros den eigenen Niedergang zu organisieren. So auch Dania. Bis zum allerbittersten Ende, bis zu jenem Julivormittag, an dem sie in den Keller hinunterstieg und sich erhängte. Und ihr Jüngster sie am Strick baumelnd fand.

In ihrem Abschiedsbrief stand: »Ich wollte nie von Euch gehen, nie, aber es gab keine Rettung, mein Gehirn war dabei, eine völlig andere Frau aus mir zu machen. Ich liebe Euch, Eure Mama!«

Ich hielt tagelang still, bevor ich auf die Nachricht des Überbringers reagierte.

Noch ein letzter Tod, Manons Tod. Kennengelernt hatten wir uns in Südamerika, dank einer gemeinsamen Freundin. Keine körperliche Intimität, doch eine warme Nähe verband uns.

Was für ein Lebenslauf: die Mutter Französin, der Vater aus den USA, geboren in England, aufgewachsen in Saudi-Arabien und Costa Rica. Schon früh entdeckt die ruhelose Reisende ihre Liebe zu Mexiko. Schließt ein Archäologiestudium ab, spricht vier Sprachen, arbeitet mit internationalen Universitäten und der UNESCO zusammen, findet – dank ihrer grenzenlosen Empathie – zuletzt ihre Bestimmung und wird Schamanin (!) bei den Mayas, einem der Urvölker Mexikos. Schamanen, sagte sie, sollen mithelfen, das Leid in der Welt zu mildern.

Dort, in Mexiko, trafen wir uns, unten im Süden, in San Cristóbal de las Casas. Ich wollte wissen, was eine Schamanin macht, und sie bot mir spontan eine »limpia« an. Eine Art seelische Reinigung, um die dunklen Flecken – Gier, Bosheit, Neid etc. – loszuwerden.

Ich habe die Zeremonie an anderer Stelle schon einmal beschrieben, so sei nur erwähnt, dass sie mich an Voodoo-Rituale erinnerte, voller Beschwörungen und Riten, voll reinen Glaubens. Nein, ich habe nicht eine Minute bereut, da berührt von Manons festem Willen, aus mir einen besseren Menschen zu machen. Doch für all das bin ich nicht begabt, kein Draht in mir führt zu »höheren Wesen«, bin vollkommen verstockt gegenüber übersinnlichen Anrufungen. Dennoch, ich habe die lange Stunde genossen, selbst den spirituellen Zinnober, den sie inszenierte. Durchaus physisch fordernd, für beide von uns.

Manons Ausstrahlung und Herzensbildung will ich nicht vergessen. Unbesiegbar, so sagte sie beim Abschied, sei sie »vom Triumph des Guten, des Lichts« überzeugt. Kein Tag, »auch nicht der schwärzeste«, würde sie umstimmen. »Der Endsieg der Liebe ist gewiss.«

Manon hat sich getäuscht. An einem kalten Januartag kam der schwärzeste Tag, der sie umstimmte und an dem sie sich, mit zweiundvierzig, im Haus ihrer Eltern vor den Toren von Paris das Leben nahm. Liebesschmerz.

Der Endsieg der Liebe – so anders kann man den Satz jetzt verstehen.

Nach all den Toten weiß ich vom Tod so viel wie ein Neugeborener. Nein, das stimmt nicht. Immerhin bin ich überzeugt, dass hinterher Schluss ist. Sich folglich keine weiteren Fragen stellen. Das spornt an – zur radikalen Liebe zum Leben. Da kein Plan B vorgesehen ist, passieren unsere siebzig oder achtzig oder neunzig Jahre täglich als Premiere. Wiederholungen entfallen. Dass rachsüchtige Götter mich und mein kleines Leben – mein Leib nur noch ein Häuflein Asche – anschließend zur Rechenschaft ziehen, wäre eine gar kindlich narzisstische Vorstellung.

Auch wahr: Natürlich gibt es ein Leben nach dem Tod, nur nicht deins, nur nicht meins. Denn wie jede Orchidee, wie jeder Kuhfladen und wie jeder Rüssel der längst vergangenen Dinosaurier wird einst der Rauch meines in Flammen liegenden Körpers im endlosen Schlund des Weltalls verschwinden. Dieses Wissen ist dennoch betrüblich, denn ein (gutes) Leben ist gewiss bewegender als ewig abhanden sein.

Am leichtesten habe ich den Tod in Indien ausgehalten. In Varanasi, dem Traumziel jedes gläubigen Hindus: um dort zu sterben und dort verbrannt zu werden. Wer das schafft, spart sich die tausendundeins elend schweißtreibenden Wiedergeburten und fährt senkrecht ins Nirwana. Noch eine schräge Idee, um sich zu trösten.

Ich saß immer auf den Ghats und sah zu. Wie sie den Holzstoß aufbauten, wie sie die mehr oder weniger pompös eingewickelte Leiche brachten, wie bald alles Feuer fing. Direkt am Ufer des Ganges. Besonders nachts war das ein wunderliches Schauspiel. Und niemand sprach, keine Totenrede, keine letzten Lügen. Nur schauen und still sein.

Ein glücklicher Mensch

Nichts scheint geheimnisvoller zu sein als das menschliche Hirn. Es macht vor keinem Extrem halt. Es wuchert wie nichts. Es kann ausschweifen, wohin immer es will: in jeden Irrsinn und in jeden Gedanken, der in einem Geniestreich endet. Es kann in jede Richtung wandern, kann jede Tat rechtfertigen – auch die grausigste. Kann jede Tat vollbringen – auch die mutigste, die menschenfreundlichste. Es kann an Nichtigkeiten zerbrechen, und es kann Ungeheuerlichkeiten aushalten. Das Hirn ist ein Wunder.

Einem davon bin ich begegnet. Es geschah auf dem riesigen *Northern Cemetery* von Kairo. Als ich dort ankomme, findet gerade eine Beerdigung statt, ein kümmerlicher Trauerzug zieht vorbei. Die Leute deuten mit dem rechten Zeigefinger nach oben. Es soll sagen, dass nur *ein* Gott existiert. Ich trotte hinterher. Bald erreichen wir das Familiengrab, nur eine uralte Stele im harten Boden. Zwei Hunde kommen näher, sie haben Hunger.

Alles geht seinen gewohnten Gang. Ein halbes Dutzend Frauen, vermummt in ihren schwarzen Malabayas, sitzt bereits neben dem Erdloch. Einige reden, einige schluchzen. Die beiden Totengräber nehmen die in ein weißes Tuch gewickelte Leiche von der Bahre und legen sie in die Vertiefung. Routiniert schaufeln sie die Erde in das Loch. Jetzt kreischen Ehefrau und Töchter.

Die Stimme eines Mannes erhebt sich, sie verrät einen Sprachfehler und klingt zugleich warm und besänftigend: ein Totengebet und, wie ich später erfahre, der Hinweis auf die Güte des Verstorbenen, ja die Gewissheit, dass er nun bei Allah wohl aufgehoben ist. Erstaunlicherweise verebbt das schrille Lamentieren, nur noch leises Seufzen.

Dann passiert es. Ich drehe mich um und zucke zurück. Der Mensch mit der so beruhigenden Stimme hat keinen Kopf, eher eine Fleischkugel, an deren Vorderseite sich kein Gesicht befindet, sondern – vom Haaransatz abwärts – ein halbes Dutzend Hautlappen groß wie kleine Pfannkuchen baumeln, die sich grotesk überlappen. Ich entdecke keine Ohren, keine Nase, keine Augen, nur da, wo die Töne herauskommen, weiter unten am Hals, geht ein schiefer Schlitz auf und zu. Das muss der Mund sein. Absurderweise denke ich, dass er nie geküsst wurde. Dass niemand genug Liebe hat, um diesen hellroten Brei aus Menschenhaut so innig zu berühren.

Der Alte ist ein »Scheich«, einer, der den Koran auswendig kennt: Stirbt jemand, spricht er drei, vier Suren für ein paar Piaster. Ein Junge führt den Blinden, streckt irgendwann seine Hand in meine Richtung, er weiß, dass Fremde Geld haben. Während ich nach einem Schein suche, fällt mir David Lynchs *Elephant Man* ein, die wahre Geschichte eines grauenhaft verunstalteten Engländers aus dem 19. Jahrhundert. Doch dessen Kopf – Ohren, Augen, Lippen waren noch erkennbar – sah unvergleichlich »menschlicher« aus als das, worauf ich unbeirrbar und unerreichbar von allen Regeln des Anstands starre.

Seit einer Woche bin ich mit Ehab unterwegs, einem

Studenten, den ich als Dolmetscher angeheuert habe. Er ist zuverlässig und belastbar. Auch er will nicht glauben, was er gesehen hat. So etwas passiert nur einmal im Leben, und es passierte an diesem Tag.

Als die Trauergäste gegangen sind, fragt Ehab einen der Arbeiter, wo der Scheich lebt. Jetzt gleich mit ihm sprechen, das geht nicht, ich muss mich vorbereiten, muss gefasster auftreten. Wir bekommen eine vage Adresse, nicht weit von hier.

Tage später finden wir den Mann, im dritten Stock eines heruntergekommenen Hauses, direkt neben dem Friedhof. Wir klopfen, und ohne Zögern werden wir hereingebeten. Armer Ägypter Zustände, die schlecht verputzten Wände, das uralte Mobiliar. Zehum wohnt bei der Familie seines Bruders. Alle sieben machen einen soliden, gelassenen Eindruck, ja strahlen – unheimlich – Zuversicht aus. Es gibt Chai und Orangen. Aber ja, wir dürfen fragen.

Der heute Einundsiebzigjährige wurde gesund geboren, mit zehn jedoch bekam er starkes Fieber, und sein Kopf begann sich zu deformieren. Wegen falscher Medikamente, glauben sie. Das Malheur schritt langsam voran, so war noch Zeit für den Jungen, Schreinergeselle zu werden. Zehum hatte Pläne, wollte heiraten und Kinder. Doch die Krankheit, für die sie keinen Namen wissen, stand nicht still.

Im Laufe eines halben Jahrhunderts verformten sich Zehums Gesicht, sein Schädel und der Hals zum Fleischberg eines Zombies. Jetzt – keine Ironie klingt mit in seiner Stimme – habe das »Wachstum« ein Ende. Zehum weiß es, weil andere ihm davon berichten. Er selbst ist längst blind. Nie hatte er eine Frau, nie einen Augenblick sinnlicher Intimität. Und er sagt, als ich mich danach erkundige: »Ja, ich bin glücklich.« Und wie geht das? In einem solchen Zustand?, frage ich verblüfft und wenig taktvoll. Und Zehum erklärt das unfassbare Glück: »Ich liebe die Schönheit der arabischen Sprache. Ich kenne den Koran, er bringt mir Freude.«

Nein, er hat sein Schicksal nie als Bestrafung verstanden, es ist, wie es ist. »Alhamdulillah«, *gepriesen sei Gott*. Das Gebet mache ihn stark, seine Arbeit bei den Beerdigungen sei nützlich, die Trauernden schätzten seine Anwesenheit. Selbstmordgedanken? »Nie.« Ob aus seinen verschwundenen Augen noch Tränen kommen? Auch das bejaht Zehum, zuletzt habe er viel beim Tod seiner Mutter geweint. Da floss das Wasser unter irgendeinem Hautwulst hervor.

Er bezieht umgerechnet fünf Euro Rente vom Staat. Die werden nicht reichen, um sich eine neue Unterkunft zu suchen, hat doch die Stadt bereits angekündigt, hier großflächig alles niederzureißen. Parkplätze für Touristenbusse sollen entstehen.

Ich weiß, Neugierde kann obszön sein. Dennoch bitte ich ihn, sein »Gesicht« anfassen zu dürfen. Was Zehum umgehend erlaubt, auch die Familie nickt bejahend. Und ich hebe die Fladen hoch, einen nach dem anderen, auf gut Glück, ohne die geringste Orientierung. Man kann nicht einmal vermuten, denn gegen jede Vorstellung entstand hier über viele Jahre ein »Ding«, für das es keinen Namen gibt. Schließlich entdecke ich unter drei Schichten uralter Haut zwei rote Schlitze, die ehemaligen, seit Langem nutzlosen Augen, stoße hinten am Hals, vom Hemdkragen verdeckt, auf einen vernarbten Riss im Gewebe: das eine Ohr, so informiert man uns, das noch funktioniert.

Ich will die Gutmütigkeit Zehums nicht überstrapazieren, so lege ich sacht, fast zärtlich meine Hände auf die beiden Stellen, wo sich bei gesunden Menschen die Wangen befinden, und danke ihm für sein Vertrauen. Zehum sagt nochmals, so, als wollte er mich beruhigen: »Ich kenne den Koran auswendig, ich liebe die Schönheit seiner Sprache.«

Unergründliches Menschenherz.

Lob der Höflichkeit

In der Bibliothek meines Vaters entdeckte ich einst *Das große Geheimnis,* ein Buch über Yoga. Die Fotos zeigten einen Mann mit einem unglaublich biegsamen Körper. Ich war elf, und es war das erste Mal, dass ich das indische Wort las. Und solche Verrenkungen sah. Eine unerklärliche Faszination ging von den Seiten aus. Voller Staunen stellte ich es zurück. Unverstanden, ungelesen.

Jahrzehnte später flog ich nach Indien. Das siebte Mal. Aber diesmal, um an einem Yogakurs teilzunehmen. Aus zwei Gründen: Ich wollte einen anderen Leib, einen, den ich in alle Himmelsrichtungen drehen konnte, mühelos und elegant – samt einem tadellosen Rücken, der aufhörte, Tag und Nacht zu jammern.

Und ich wollte meine Bereitschaft zur Menschenfreundlichkeit ermutigen. Sie war mutlos geworden, kleinlaut angesichts so mancher, die von Freundlichkeit nichts wussten. Vielleicht hat auch meine Trägheit dazu beigetragen. Ich vermute wohl beides.

Irgendwann begreift man, dass ein Zusammenhang besteht: zwischen einem Körper, der seinen Besitzer mit keinem Schmerz, keiner verdächtigen Unruhe plagt, und der Fähigkeit, spielerisch und unangestrengt auf die Welt zuzugehen. Dreht man den Satz um, stimmt er ebenfalls: Je mehr Probleme – physisch und/oder psychisch – der

Mensch mit sich herumträgt, desto komplizierter wird die Nähe zu anderen. Die Gefahr droht, die eigenen Neurosen, innen wie außen, auf seine Umgebung loszulassen.

Ein paar Nuancen dramatischer drückte es Gérard Depardieu aus: »Wenn man geliebt wird, versucht man, liebenswert zu sein. Wenn man ungeliebt ist, ist man wie alle Ungeliebten unausstehlich.«

Seit ich denken kann, verfolgt mich der Traum von der erträglichen Leichtigkeit des Seins: ein Leben, das durchaus Tiefe haben soll, aber nichts von seiner Heiterkeit einbüßt. Jeden, der gleich beides besitzt, bewundere ich.

Unser Yogameister war großartig. Nie lachte er dreckig, wenn er mit mir oder den übrigen Talentlosen übte, ja, mit immer ruhiger Hand half, unsere verkrampften Faszien zu lösen, unsere Körper an »asanas« heranzuführen, *Stellungen,* die er wie ein Zauberer vorführte – und die bei einigen von uns wie bizarre Gebilde aussahen. Gewiss zum Lachen.

Wir bildeten eine gute Truppe. Die Könner standen den Unbeholfenen bei. Die Fortschritte? Winzig, aber sie reichten für ein gehobeneres Lebensgefühl. Am Ende jedes Nachmittags tat alles weh, doch der Kopf war wundersam friedlich. Den ganzen Abend lang.

Jeden Morgen kamen wir an einem an die Wand genagelten Holzbrett vorbei, auf dem ein Kalligraf vier berühmte Sutras gemalt hatte. Verfasst wurden die »Lehrsätze« von Patañjali, der als Erster die Leitfäden für Yoga zusammengestellt hatte. Insgesamt 195. Vor zweitausend Jahren etwa.

Die Sprüche waren maßlos fordernd und wohl gedacht

für künftige Heilige. Wobei sie sich im Grad ihrer Ansprüche unterschieden: »Karuna« ist das Sanskritwort für *Mitgefühl*. Das kann ich, nicht immer, aber oft. Wen das Leid seiner Mitmenschen nicht anrührt, dem ist auf Erden nicht zu helfen. Wie man weiß, ist diese Eigenschaft zum Teil angeboren. Sie sollte folglich ohne spezielle Nachhilfe funktionieren.

Darunter stand »Mudita«, *die Neidlosigkeit,* ja, glatte Freude über den Erfolg eines anderen. Auch den Erfolg eines Gegners. So weit bin ich nicht. Meine eigenen Erfolge mag ich lieber als die meiner Konkurrenten. In der *New York Times* las ich kürzlich das Wort »Freudenfreude«. Die Amerikaner haben diesen Neologismus erfunden, den es ja im Deutschen nicht gibt. Sie leiteten ihn von »Schadenfreude« ab, einem Ausdruck, der seit Urzeiten fester Bestandteil der englischen Sprache ist, und bastelten – konsequent – das Gegenteil daraus. Eben die Freude über die Freude eines anderen. Und Freude auch dann, wenn es sich um einen Typen handelt, den man – so würden die Wiener sagen – als nicht »hautfreundlich« empfindet.

Das kann ich nicht, will ich nicht. Das Leben eines Unbescholtenen ist mir zu fad, ab und zu will ich lästern, will laut verkünden, dass ich die oder den für überschätzt halte, dass jemand Schmu redet oder schreibt – und mir die Lebenszeit stiehlt.

Der dritte Punkt ist der interessanteste: »Upeksha«. Ich befragte den Meister auch dazu, und seine Interpretation klang ziemlich modern: Man solle – vor der (moralischen) Verurteilung – darüber nachdenken, wie man sich in derselben Situation verhalten hätte, in der ein anderer der Versuchung erlag – nach Ruhm, nach Dollars, nach Macht, nach was auch immer. Wer jetzt genau in sich hineinschaut, wird feststellen, dass die Gier (nur ein Beispiel) nicht weniger an einem selbst zerrt als an der Person, deren Gier man gerade belauert. Und missbilligt. Upeksha verhindert das Wuchern von Scheinheiligkeit, das eitle Herausputzen der eigenen Unfehlbarkeit.

Wie angenehm die Nähe von Frauen und Männern, die ihre Schatten zugeben, die sich nicht als weißblütige Geschöpfe aufführen, sondern um ihre Widersprüche und Zwielichtigkeiten wissen. Man atmet freier.

Das vierte Sutra handelte von »Maitri« – mein Thema. Für die großen Nachsichtigen unter uns könnte man es mit »Herzensgüte« übersetzen. Doch der Meister wusste um uns Menschlein, er wollte uns nicht überfordern. Er meinte, man könne für »Maitri« auch »kindness«, auch »friendliness« sagen, ja, »politeness«. Beruhigende Hinweise, denn keiner ist imstande, zu aller Welt gütig zu sein. Aber Höflichkeit und – die wärmere Version davon – die Freundlichkeit, das wäre ein Fortschritt.

Ich habe, hie und da, die eine oder den anderen beobachtet, die gnadenlos höflich blieben. Geradezu penetrant, ja, damit noch mehr Wut auf der Gegenseite provozierten. Und niemand war fähig, sie umzustimmen. Auch die Rüpel nicht, auch die prinzipiell Unhöflichen nicht, keiner weit und breit. Sie sind mit dem Florett unterwegs, jede Attacke parieren sie mit federleichten Paraden. Ihr Geheimnis? Wohl ein Geschenk der Götter. Die brauchen kein Yoga und keine Meditation. Sie kamen so auf die Welt.

Die Wochen verliefen heiter, und am Ende konnte ich mich tatsächlich ein paar Millimeter geschmeidiger bewegen. War zudem wieder konzentrierter, seltener bereit, mich ablenken zu lassen. Allerdings: ob derlei Unternehmungen den Charakter eines Menschen ändern, Richtung Menschenliebe? Ich zweifle. Man redet sich etwas ein, will es unbedingt. Und für ein, zwei Monate hält die Illusion an. Dann übernehmen die Gene wieder, und die scheinen unbesiegbar zu sein.

Höflichkeit ist kein Gen. Die kann man sich zulegen, sie üben und trainieren. Auch die Freundlichkeit. Wie eine Sprache. Zuerst stottert man, aber mit der Zeit gehört sie einem, wird Teil der Persönlichkeit.

Warum hungert mich so danach? Weil ich täglich erfahre, wie ich blühe, wenn mir der andere (die andere) mit Swing begegnet. Weil die Begegnung – und wäre sie nur eine Minute lang – mich nährt, die Zukunft gleich besser aussieht, beschwingter. Und genau das Gegenteil passiert, wenn mir eine Pestzecke über den Weg läuft. Wobei es mich immer wieder verblüfft, wie verletzend das nachwirkt. Ich wünschte, es ließe mich kalt. Nein, tut es nicht. Es brennt.

Das versteht sich von selbst: wünsche ich mir »Manieren«, dann muss ich sie ebenfalls herzeigen. Doch auch da hapert es. Es kommt zu absurden Auftritten, bei denen ich weiß, dass jetzt Coolness und Souveränität gefragt wären und ich trotzdem als missmutiger Spießer auftrete und nicht als lässiger Weltbürger. Verpatzt. Und keinen Augenblick gibt es in der Wirklichkeit, den man wiederholen kann. Man pfuscht, und die Niederlage steht hinterher im Tagebuch. Bis zum Ende meiner Tage. Immerhin: Ich bessere mich.

Guten Muts flog ich vom Meister davon. Auch aus Begeisterung über einen, der so überlegen, Tag für Tag, sein Leben im Griff hat. Der auf unheimlich konzentrierte

Weise anwesend war. Der sich nicht ablenken ließ, nie im Trainingsraum ein Handy zückte, den ich nicht einmal mit einem abwesenden Gesichtsausdruck beobachtete. Er beherrschte etwas, was uns längst abhandenkam: »da-sein«. Er widmete sich jeder und jedem mit allem Seinem. Kein Narzissmus stand ihm im Weg, keine Altlasten strapazierten ihn. Er konnte so präsent sein, weil seine Vergangenheit vergangen war.

Ich erinnere mich an ein Interview mit einem Berliner Psychotherapeuten. Sein Spezialgebiet war die Behandlung von Männern, die bei Ausbruch ihrer cholerischen Wut gewalttätig wurden. Meist gegenüber ihren Freundinnen, ihren Frauen. Der Psychologe war der Überzeugung, dass ein Mensch sich im Laufe seines Lebens einen »Werkzeugkasten« anschaffen sollte: voller (emotionaler) Instrumente, die man – je nach der gegebenen Situation – einsetzt. Es braucht eine ganze Reihe verschiedener »Techniken«, um mit den oft delikaten Herausforderungen des Alltags fertigzuwerden. Der Therapeut zitierte ein japanisches Sprichwort: »Wenn dein einziges Werkzeug ein Hammer ist, sieht alles wie ein Nagel aus.« Diese Männer, diese Faustkämpfer, sind mangelhaft ausgerüstet, meinte er. Nur ein Hammer steht ihnen zur Verfügung, und die alleinige Alternative für sie heißt folglich ausholen und draufhauen.

Von Terence, einem amerikanischen Teilnehmer an dem Yoga-Retreat, hatte ich das Wort »facework« gelernt. Es geht darum, bei sozialer Kommunikation den Respekt zu wahren. Via Takt auf jeden Fall vermeiden, dass jemand sein »Gesicht verliert«. Wenn es sein muss, sogar mithilfe von Notlügen und dem Übergehen von Reizthemen.

Früher hätte ich derlei Ratschläge ätzend gefunden. Lieber alles herausschleudern, ohne Rücksicht auf etwaige Flurschäden. Als unerbittlicher Wahrheitsapostel – wie lächerlich. Das Ergebnis waren zwei Schlechtgelaunte, die sich anschließend nichts mehr zu sagen hatten. Inzwischen vermute ich, dass der Mangel an Achtung – nur ein anderes Wort für Respekt – die Hauptursache für den Frust so vieler ist. Wer sich gedemütigt fühlt, sinnt auf Vergeltung, nicht auf Versöhnung.

Dass bei gewissen Anlässen klar und deutlich die Fakten ausgesprochen werden müssen – der Hinweis erübrigt sich.

Eine Anmerkung sei noch erlaubt: Natürlich gibt es die verlogene, die inszenierte Höflichkeit. Sie will etwas, sei es Geld, Gunst, Sex, welche Gefälligkeit auch immer. Ein waches Misstrauen kann bei passender Gelegenheit nicht schaden. Aber davon ist in diesem Text nicht die Rede. Hier geht es ausschließlich um die – wie die Franzosen es nennen – »politesse désintéressée«: eine Höflichkeit ohne Hintergedanken, ohne Forderung, ohne den Wunsch nach Belohnung.

Zum Abschluss will ich vier winzige Geschichten erzählen, sie alle als »Aphrodisiaka« gedacht. Nicht zur erotischen Luststeigerung, sondern als Mittel, um das zu steigern, was man in der englischen Sprache *social grace* nennt. »Soziale Anmut«, was für ein smartes Konzept.

Wir lernen, mir geht es zumindest so, vom Benehmen anderer. Entweder findet man es grässlich, oder man beneidet die Frau, den Mann, will es können wie sie: diese Lässigkeit, diese Nonchalance. Als Antidot gegen den florierenden Grobianismus.

Die erste Story spielt in den USA. Sie dauert ein paar

Augenblicke und ist voller Bedeutung – wenn man um die Zusammenhänge weiß. Ich sitze in einem Bus in Baton Rouge, der Hauptstadt von Louisiana. Der Bus hält, und eine ältere schwarze Frau steigt ein – jede Sitzgelegenheit belegt. Und jetzt passiert es: Ein weißer Mann – äußerlich das Inbild eines Rednecks – steht auf und bietet ihr seinen Platz an. Der vielleicht Fünfzigjährige ist korpulent, ein Stiernacken ragt aus dem Hemdkragen. Und er lächelt, verweist mit galanter Geste auf den nun freien Sitz. Auch sie lächelt, bedankt sich mit einem leichten Kopfnicken. Und setzt sich.

Man muss sofort an Rosa Parks denken, die sich vor siebzig Jahren im Nachbarstaat Alabama weigerte, den von einem Weißen beanspruchten Platz in einem Bus zu räumen. Damals zu Zeiten strikter Rassentrennung im Süden Amerikas. Der Busfahrer rief die Polizei, die Renitente wurde verhaftet.

Das war die eine Demütigung zu viel, eine knappe Woche später organisierten die Schwarzen der Stadt den *Montgomery Bus Boycott,* der dreizehn Monate dauern sollte – ein Meilenstein in der landesweiten Bürgerrechtsbewegung. Angeführt von Martin Luther King, neben ihm immer auch Missis Parks, die schon lange für die Gleichberechtigung von Schwarz und Weiß kämpfte.

Die kurze Busfahrt war lehrreich. Einmal die Erkenntnis, dass sich Zustände tatsächlich ändern. Und dann mein Vorurteil über den Dicken, den ich – seines Aussehens wegen – eher für einen *white supremacist* gehalten hätte und der sich als vollendeter Gentleman erwies.

Jetzt nach Deutschland. Eine Mini-Episode, ein Drei-Sekunden-Ereignis. Und bestimmt ohne tiefere Bedeutung. Nur Staunen, Überraschung und Wärme. Zuerst die »Vorgeschichte«: Wir kennen sie alle, jene, die vor uns durch eine Tür gehen und vollkommen gleichgültig gegenüber der Welt um sie herum die Tür hinter sich zufallen lassen. Statt einen Blick zurückzuwerfen, um zu sehen, ob jemand folgt. Und wenn ja, die Tür offen zu halten – eine klitzekleine Geste, die zur Freude im Leben beiträgt. Wie diesmal. Doch der Clou der Geschichte ist, dass kein Erwachsener vor mir durch die Bahnhofstür ging, sondern ein Mädchen, sicher nicht älter als acht, und das – so werde ich noch erfahren – Simone hieß. Und Simone stemmte ihre vermutlich dreißig Kilo gegen das schwere Metall, um mir, den ihr völlig Unbekannten, den Weg zu erleichtern. Was für eine kleine Dame, was für eine souveräne Tat.

Auf nach Paris. Die Pariser haben einen schlechten Ruf. Zäh erworben dank ihrer sprichwörtlichen Arroganz. Vor Jahren berichtete die französische Presse über »Pari Shôkôgun«, frei übersetzt mit: *Paris-Syndrom*. Eine Reihe von japanischen Touristen litt darunter, unter der Ruppigkeit der Einwohner. »Die Stadt der Liebe« erwies sich als hartes Pflaster. Dazu die Sprachbarriere, die Hetze, die allgegenwärtige Ungeduld. Verständlich, denn in Japan gehören Höflichkeit und Rücksicht zur nationalen DNA. Die Sensibelsten bekamen Bettruhe verordnet, die schweren Fälle mussten ins Krankenhaus, die aussichtslosen traten überstürzt die Heimreise an.

Ich schwöre, der Freundlichkeitsquotient hat zugelegt. Auch in Paris hat sich inzwischen herumgesprochen, dass es a) neben der französischen Sprache noch andere gibt und b) selbst einer Wunderschönen ein Maß an *courtoisie* gut ansteht.

Hier der Beweis meiner forschen Behauptung: Bushaltestelle, mitten in der Hauptstadt. Ein Bus hält, die Türen gehen auf. Vor der mittleren, der breiteren, steht ein Mann mit Krücken. Er will einsteigen, erfolglos. Wohl zu schwach die Beine, wohl zu unbeweglich. Nun geschieht etwas gänzlich Unerwartetes, nicht ohne eine Prise Komik. Genau vierzehn Fahrgäste verlassen den Bus und wollen ihm helfen, fragen, diskutieren. Bis zwei junge Kerle je einen seiner Arme um ihre Schultern legen, ihn hochheben und vorsichtig in der Ecke für Kinderwagen abstellen. Wo er sich anlehnen kann. Leute klatschen, lächeln, alle sind für Momente selig. Der kranke Mensch ist nicht schön, nicht reich, nicht berühmt, und dennoch regt sich der Herzmuskel in uns.

Darf ich mich kurz als Menschenkenner aufspielen? Tief drinnen – wo immer das sein mag – vermute ich, ist der Mensch dem anderen zugetan und bereit, dessen Kummer und Drangsal zu lindern. Wenn nicht vernagelt von religiösem oder politischem Wahn. Manchmal schwankt die Vermutung, aber sie bleibt grundsätzlich intakt. Auch wahr: Manche sind nicht mehr zu erreichen. Ein stillgelegtes Herz hört nichts. Will nichts hören. Will seine Ruhe.

Eine letzte Story. Sie spielt in Nowosibirsk, irgendwo in Sibirien, knapp 3000 Kilometer östlich von Moskau. Ich war auf der Durchreise von Berlin nach Wladiwostok – mit der Transsibirischen Eisenbahn. Es gibt wohl keinen Zug, in dem man unbekümmerter Leute kennenlernt. Die Reise dauert Tage und Tage, die Kabinen liegen direkt nebeneinander, und man trifft sich immer im selben Restaurant.

Valentin, der Russe, der als Beamter in die Provinz strafversetzt wurde, hatte genug Wodka an Bord geschafft, um uns alle bei Laune zu halten. Mein Lieblingsmensch aber war Drake, der Kanadier, der aus der Türkei ein viertel Kilo (!) grünen Türken, allerfeinstes Haschisch, nach Russland geschmuggelt hatte. Er und ich wussten sogleich, wie tapfer er war, hatten wir doch beide *Midnight Express* gesehen, den Schocker von Alan Parker: die wahre Geschichte von Billy Hayes, einem Amerikaner, der am Flughafen von Istanbul mit Dope erwischt und zu dreißig (!) Jahren Haft verurteilt wurde. Und erst nach Verrat, Folter und Verlegung in ein Irrenhaus entkommen konnte. Denn er nahm den »Midnight Express«, das Insiderwort für Flucht. Wie aus dem Wasser gezogen verließ man den Kinosaal.

Natürlich lud mich Drake zu einer »session« ein, verschloss sorgfältig die Tür, brach einen Riegel von dem harten, flachen Teil und formte zwei fingerdicke Klumpen. Und wir zündeten sie an und inhalierten mit offenem Mund den göttlichen Rauch. Verstärkt wurde diese Stunde der Dämmerung durch den Blick aus dem Fenster, vor dem der Zauber der russischen Taiga vorbeizog. Innerhalb von Minuten waren wir high – so lupenrein der Stoff, mit nichts gestreckt, ja, reines, tadelloses Gift. Wir mutierten zu unaufhörlich kichernden Kindsköpfen, die nach oben auf die Gepäckträger krabbelten. Und dort haltlos bis in die späte Nacht weiterkicherten.

Nein, das war nicht die entscheidende Szene von wegen Höflichkeit, sie war nur das Vorspiel, herrliches Vorspiel – aber noch keine Sensation.

Die kam, als wir am nächsten Vormittag in Nowosibirsk ankamen. Längerer Aufenthalt. Das Personal verstaute frische Nahrungsmittel in der Küche, Reinigungstrupps zogen durch die Gänge, neue Passagiere stiegen zu. Das dauerte, denn hier waren sie mit Tonnen von Gepäck unterwegs, mit Koffern à la sozialistischer Realismus und kubikmeterdicken Kisten.

Alles wäre nach Plan verlaufen, hätten wir nicht plötzlich Kinder gesehen, die mit prächtigem Eis, Fruchteis, an uns vorbeischlenderten. Und Zino, Weltreisender, Grieche und eine Seele von Mensch, bot sich an, ein paar Portionen zu holen. Trotz unserer Warnungen – das Gebäude lag über zweihundert Meter weit weg und Menschengedränge überall – lief er los.

Es kam, wie es kommen musste. Keine fünf Minuten waren vergangen, und die Pfeife des Schaffners schrillte. Erster Hinweis auf die baldige Abfahrt. Augenblicke später ertönte das zweite Schrillen, kurz darauf das dritte. Und kein Zino, nirgends. Wir riefen seinen Namen, gestikulierten, nichts.

Dann setzte sich die Transsib in Bewegung. Und jetzt tauchte der Kopf von Zino auf. Wir lehnten uns aus den Fenstern und feuerten ihn an, den Helden mit den Rieseneistüten in beiden Händen: während die Lok Fahrt aufnahm, und wir – angesichts der Ausweglosigkeit der Situation – Zino brüllend zu verstehen gaben, doch das verdammte Eis fallen zu lassen.

Mindestens dreißig Sekunden ging das so, so lange, denn hier war kein *runaway train* unterwegs, sondern ein behäbiges Alteisen auf Rädern: Zino, der ambulante Eismann, spurtete tatsächlich bis vor auf die Höhe unseres Wagons, war aber partout nicht willens – ein Heiliger eben –, die Last abzuwerfen und in die von uns offen gehaltene Tür zu springen.

So geschah das Wunder von Nowosibirsk. Ein Deus ex Machina trat auf, in Gestalt von Valentin, der den skurrilen Vorgang ebenfalls verfolgt hatte, ja, bereits angeheitert war vom Lauf der Dinge und ein paar Schlucken aus der Wodkaflasche. Und nun seelenruhig auf den Hebel der Notbremse zuging und kräftig daran zog, es laut quietschte und der Zug zum Stehen kam. Zino stieg ein und überreichte uns mit dem Lächeln eines Siegers das Eis. Was für ein Kerl! Was für ein Grieche!

Ach ja, der Schaffner kam, eher schlecht gelaunt. Da ich mich ein bisschen im Land auskannte, hatte ich schon einen Zwanzigdollarschein bereitgelegt. Und sorgte für eine diskrete Übergabe. Ein Akt reinster Selbstverständlichkeit. Damit war die Sache erledigt, es ruckelte wieder, und weiter ging es in den fernsten Osten.

Diese Geschichte steht – Stichwort Höflichkeit, Stichwort Freundlichkeit, Stichwort Hilfsbereitschaft – ganz oben auf meiner Hitliste. Alles kam da zusammen: Heiterkeit, Großzügigkeit, Witz, Bewunderung und so eine lässige, unaufgeregte Chuzpe. Und die Freundschaft zwischen Fremden, die sich vorher nie begegnet waren. Ein Glückstag, ganz unvergleichlich.

Ein Mann

Um neun Uhr morgens verließ ich ihre Wohnung. Meine Freundin und ich hatten eine warme Nacht verbracht. Mit Kuscheln und Lieben und dem Flüstern von zwei, die sich nacheinander sehnen. Ein milder Herbsttag fing an. Schöne Welt. Es gab hundert Gründe, am Leben sein zu wollen.

Als ich um die Ecke bog, sah ich jemanden am Boden liegen, mitten auf dem breiten Trottoir, mitten in der Großstadt. Ich beugte mich zu ihm und sprach ihn an. Der Obdachlose öffnete drei Millimeter die Augen. Er war betrunken, maßlos betrunken. In seiner Rechten glomm der Rest einer Zigarette. Er spürte nicht die heiße Glut der Asche zwischen den Fingern.

Der vielleicht Vierzigjährige stank bestialisch. Er lag auf der Seite, die Beine leicht angezogen, die Hose bis knapp über die Knie heruntergerutscht. Heller Kot bedeckte Hintern und Oberschenkel.

Radikaler konnte ein Mensch nicht abstürzen.

Ich rief die Polizei an und fragte, was man tun könne. Die Frau versprach, einen Krankenwagen zu schicken. Der kam, und ich ging weiter.

Solche Begegnungen verstören mich. Ich meine nicht das Mitgefühl für diesen Mann. Das sollte selbstverständlich sein. Ich meine, was er an Verwirrung in mir auslöst: Das könnte ich sein! Das klingt absurd, doch keinesfalls falsch. Viele Jahre war ich damit beschäftigt, mein Leben an die Wand zu fahren. Fast vier Jahrzehnte lang war ich überzeugt, dass mir nichts gelingen würde. Die Gründe dafür spielen hier keine Rolle. Kindheit? Gene? Pech? Zufall? Genau wird man es nie wissen. Schuldzuweisungen interessieren mich ebenfalls nicht. Gewiss, ich kam davon, aber um ein Haar wäre es passiert: die Ausweglosigkeit, die verpfuschte Existenz.

Was zählt: Ich sehe den Kaputten und denke, so hätte auch ich enden können.

Ich will nicht übertreiben. Mit versauten Hosen, halb nackt, sah ich mich nicht auf dem Asphalt liegen. Dennoch als einen, der abhängig ist: vom Wohlwollen des Staats, der mir auf dem Sozialamt wöchentlich ein Almosen aushändigt. Hilfe von Freunden? Nein, denn die gäbe es nicht. Ich kann kein Freund sein, wenn ich als Versager auftrete. Ihr Mitleid empfände ich als billig, ihre Nähe unerträglich. Sie vergrößerte nur die Scham. Wenn schon Niete, dann im Stillen, unsichtbar. Und radikal allein, selbst anderen Pennern würde ich aus dem Weg gehen. Jeder wäre mein Ebenbild, das ich nicht sehen will. Und die Wärme von Frauen? Ich würde es nicht wagen, mich um sie zu bemühen. Was hätte ich zu bieten? Nur mich, und das ist nichts.

Natürlich habe ich in diesen Jahren, die von einer Sackgasse in die nächste führten, an Selbstmord gedacht. Um mir ein Dasein zu ersparen, das man nur verachten könnte.

Ich war wohl zu feig dafür. Zudem gab es eine Stimme in mir, die es nicht fassen wollte: dass es keine Arbeit geben sollte, die mich erfüllt und für die ich passabel begabt wäre. Um dem Biotop der Verlierer zu entkommen. Das zählte. Alles andere nicht. Familie? Kinder? Ein Traumhaus? Nie habe ich von alldem geträumt. Im Gegenteil, es hätte meine Sehnsucht nach einer gelungenen Zukunft nur beschädigt. Ich brauchte jedes Gramm Energie, um meinen Platz in der Welt zu finden. Das war nicht verhandelbar. Nichts, keine schönste Freundin, kein Jackpot, kein makellos gesunder Körper hätten mich über diese schwärende Wunde hinweggetröstet. Erst wenn die heilte, bekäme ich das Recht zu leben.

Ich las damals einen Satz von Konfuzius: »Meistere eine Schwierigkeit, und du hältst hundert andere von dir fern.« Später, nachdem ich diese eine Schwierigkeit überwunden hatte, gab es keine Herausforderung, die nicht zu bewältigen war. Sie fernzuhalten ging nicht, aber sie in Schach zu halten, das schon. Endlich hatte ich ja – ein halbes Menschenleben war inzwischen vorbei – meinen Platz gefunden: Sprache als Handwerk, das wäre ein Tisch zum Schreiben und als Werkzeug einen federleichten Mac. Ein genügsamerer Arbeitsplatz ist kaum vorstellbar. Dabei still, bisweilen unheimlich still. Nur die verschwiegenen Gedanken und das nervenschonende Klackern auf der Tastatur. Erstaunlich, mit wie wenig – sechsundzwanzig unscheinbaren Buchstaben – der Sprung ins Freie gelang. Weit weg vom Elend eines unglücklichen Menschen.

Früher, als Kind und Halbwüchsiger, verfolgten mich Albträume, in denen ich meinen Vater tötete. Ich holte dort nach, was ich mich in der Wirklichkeit nicht traute. Dann verschwand der Verhasste, und die blutigen Fantasien hörten auf. Irgendwann fingen andere Träume an, die bis heute andauern: Ich komme nie an ein Ziel, meine unbeweglichen Beine streiken. Oder ich strecke die Arme aus, um nach etwas zu fassen, das ich nie erreiche. Ich fahre Rad, und die Reifen platzen. Oder ich will sprechen und kann nicht. Oder ich gehe im Schnee, und meine Schuhe verschwinden. Oder jemand stellt mich vor, und ich stehe plötzlich als Zwerg vor versammelter Gesellschaft.

Jeder Traum, so scheint es, redet von einem Hindernis. Es ist, als ob mein Unbewusstes noch nicht verstanden hätte, dass ich dem Sumpf der Loser entstiegen bin. Dass ich längst woanders unterwegs bin.

Die Furcht zu versagen lauert noch immer.

All diese Träume erinnern mich an die Schrecken, die mich heimsuchen, wenn ich einen wie den Mann mit dem unsäglich verdreckten Unterleib sehe. Passiert es, dann muss ich einen ruhigen Platz finden, ein Café. Will mich wehren, will schreiben. Was nicht immer gelingt. Wenn doch, an den besseren Tagen, so geschieht das kleine Wunder: Ich finde zurück in die Gegenwart, weit weg von den dunklen Zeiten.

Eine Frau

Welcher Mann kennt das nicht: Man lernt eine Frau kennen und ist begeistert. Ich meine nicht das blindwütige Verknalltsein, das tatsächlich blind macht. Weil man nur sieht, was man sehen will. Nein, ich meine, dass man klar ihre Vorzüge erkennt, ihre Silhouette, ihre Bewegungen, das Gesicht, die klugen Gedanken, ja, den heiteren, warmherzigen Charakter. Was auch nach Monaten nicht verschwindet, nur immer bewundernswert bleibt.

Bis der Schock kommt. Bis etwas passiert, was man für unmöglich hielt. Ein Verhalten, das man dieser Person nie zugetraut hätte. Weil eine Spur Irrwitz an ihm haftet, eine Bizarrerie, von der auch die Psychologie nicht recht weiß, wie sie erklären: ein Identitätsproblem? Die Unfähigkeit, loszulassen, sich von der Vergangenheit zu lösen? Der Wunsch, sich zu schützen? Sich einzumauern gegen die Welt?

Ich fragte sie und bekam keine Antwort. Keine, die das Rätsel erhellt hätte. Im Gegenteil, Lina reagierte genervt. Ich war sicher nicht der Erste, der fassungslos in ihrer Wohnung stand. Wir hatten uns lange Zeit ausschließlich bei mir getroffen, sie wollte es so. Jetzt begriff ich, warum. Natürlich sah sie das Problem, ahnte immerhin, dass »etwas nicht stimmte«. Was sie aber nicht zugeben konnte. Weil »etwas« zwei widersprüchliche – wie ich bald erfahren sollte – Gefühle in ihr auslöste, je nach Stimmung: durchaus zufrieden mit dem Status quo oder diffus abgestoßen. Was aber nie reichte, um radikal einzugreifen.

Möglicherweise war ich entgeisterter als meine Vorgänger, denn ich bin ein unbelehrbarer Minimalist. Auf dem Schreibtisch liegt 1 Filzschreiber. Und der schreibt. Keine drei Köcher mit 99 Stiften, von denen 98 vor Jahren noch in Betrieb waren. Jedes Teil in meiner nächsten Umgebung muss seine Anwesenheit rechtfertigen. Keine verstopften Schubladen, keine überladenen Schränke, nicht ein Gramm Klimbim, nirgends. Gewiss eine der Nachwirkungen des langen Aufenthalts in einem buddhistischen Kloster. Ich verliebte mich in Leere – nur ein anderes Wort für Freiheit und Eleganz. Bei jedem Gegenstand, der mir verdächtig überflüssig vorkommt, frage ich mich: »Geht Freude von ihm aus?« Und kommt kein begeistertes Ja zurück, wird gnadenlos entsorgt.

Das nur am Rande, denn die Geschichte soll von Lina erzählen.

Nein, Lina war kein »compulsive hoarder«, wie Amerikaner Leute nennen, die zwanghaft horten. Die es schaffen, ihr dreistöckiges Haus plus Vorgarten, Hinterhof und Garage(n) so mit Müll vollzustopfen, bis jemand die Polizei ruft, um die Person vor ihrem Untergang zu retten. Denn Bad, denn Toilette, denn Küche und Schlafzimmer sind inzwischen so von neuem und altem Schrott – vollkommen nutzlos, vollkommen ungenutzt – verbarrikadiert, sodass kein Durchkommen mehr ist. Oder nur noch unter lebensbedrohlichen Manövern. Ja, der übel riechende Irrsinn auf den Gehweg schwappt, der letzte verfügbare Platz, um das Delirium auszuleben.

Und irgendwann rücken zehn schwere Trucks an, mit

zehn Muskelmännern und einer psychologisch geschulten Fachkraft. Um das Irrlicht zur Aufgabe seines Wahns zu überreden. Damit er (sie) einwilligt, dass zwischen 20 und 120 Tonnen den Augiasstall verlassen: »To get back your life!« Was nicht immer gelingt, bisweilen ist die Sucht nach Verwahrlosung vehementer als die Freude auf ein neues Leben.

Lina war weit davon entfernt, sie hatte es nur zu einem Messie gebracht: Gegen die Tür einer der drei Räume musste man sich anstemmen, um noch hineinzugelangen. Und auf den einzigen Tisch konnte man nur zwei (der sechs Dutzend) Teller und zwei (der sieben Dutzend) Tassen stellen, nachdem er leer geräumt war. Aus den Einbauschränken quoll Kleidung, wovon die Hälfte schon seit Urzeiten nicht mehr benutzt wurde. Daneben türmte sich ein Berg Schmutzwäsche, es muffelte. In ihrem großen Badezimmer gab es keinen freien Fleck für meine Toilettensachen, ich legte sie auf den Boden. 367 verschiedene Artikel, unter anderem 23 Shampoos und Spülungen, nahmen jeden Quadratzentimeter in Beschlag. Von den verkalkten Wasserhähnen nicht zu reden. Alle (angeschmutzten) Fenster der Wohnung ließen sich nicht öffnen, da verstellt: Blumentöpfe baumelten von der Decke und standen auf den Fensterbrettern. Die montierten Jalousien hingen nutzlos am oberen Ende – verheddert. Der von Krimskrams übersäte Teppich, darunter Legobausteine für Babys und verbeulte Lampenschirme aus dem letzten Jahrhundert. Von den drei Heizkörpern war einer kaputt, einer funktionierte, der dritte durfte nicht benutzt werden, weil 100 Meter Kabel auf ihm lagen. Sogar drei der vier Herdplatten wurden von Utensilien in Beschlag genommen.

Meine eigene Wäsche blieb in der Reisetasche, das schmuddelige Parkett war zu schmuddelig. Kam ich im Dunkeln aus der Toilette, suchte ich mit einer Taschenlampe den Weg zurück ins Bett. In der ersten Nacht träumte ich von einem Riesenstaubsauger, der den Plunder in Sekunden verschluckte. Dann wachte ich auf und lag erschöpft da. Ramsch macht unglücklich.

Unheimliche Widersprüche. Lina hatte einen anspruchsvollen Beruf, sah zu jeder Stunde des Tages gepflegt aus, angezogen wie ausgezogen. Und kein Detail aus ihren siebenunddreißig Jahren – und ich habe penetrant nachgefragt – ließ ein Drama vermuten, gab Hinweise auf ein Ereignis, das jemanden dazu trieb, in solch versackten Verhältnissen zu hausen.

Ach, hinter dem ersten Schock lauerte ein zweiter. Von dem ich erst erfuhr, als es zu spät war. Ich habe lange gezögert, diese Geschichte zu erzählen. Sie verstört. Sie ergibt keinen Sinn.

Lina wusste nicht, warum sie lebte, wie sie lebte. Zumindest behauptete sie das. Vielleicht verschwieg sie die Gründe. Es gab sie, ob sie ihr bewusst waren oder nicht. Denn keine Tat im Universum geschieht ohne Ursache, wie verborgen sie auch sein mag.

Ihre Eltern gingen wie zivilisierte Erwachsene miteinander um, keiner schlug zu, niemand organisierte psychischen Terror, kein Missbrauch war zu melden, alle vier Kinder wurden unbeschadet volljährig, lernten etwas, verdienten mit leichter Hand ihr Auskommen. Sagte sie.

Wieso macht ein Mensch das?

Man weiß, dass Zwänge auf geduldiges Zureden nicht reagieren. Irgendein »Muss« – versteckt im Unbewussten – zwingt zu Handlungen, die jeder Vernunft wider-

sprechen, dafür Leid und Kummer bringen, ja, zu Tragö-
dien führen.

Aber das ist nicht die ganze Wahrheit, denn eine
Obsession – ob nun durchlebt von einem Alkoholiker,
Fresssüchtigen, Magersüchtigen, Junkie oder eben von
einer Person, die jeden Bierdeckel und jede rostige
Schraube bunkert –, diese so gefährliche Sehnsucht er-
zeugt ein Lustgefühl. Wenn auch nur kurzfristig. Doch
intensiv genug, um ihm nicht widerstehen zu können.
Hat sich der Rausch jedoch gelegt, beginnt wieder die
Trauer, die Wut auf sich, der Blick in den Abgrund. Und
das toxische Spiel geht endlos in die nächste Runde.

Lina berichtete, dass sie mehrmals versucht hatte, der
Wucht des Gerümpels Einhalt zu gebieten. Dass sie mit
großen Plastiktüten anrückte, um ihre 60 Quadratmeter
auszudünnen. Was stets misslang. Nach spätestens drei
Stunden war ihre »Verlustangst«, Lina wörtlich, so heftig, dass sie das Unternehmen abbrach, ja, das bereits
Eingepackte an seinen Platz zurückstellte.

Ich bin ein miserabler Pädagoge, will den Mund nicht
halten, muss belehren. Statt das Unveränderliche hinzunehmen. Ich Narr.

Aber mir grauste hier, ich bin in einer solchen Umgebung nicht fähig zu Intimität. Ein Raum soll inspirieren,
zur Hingabe einladen. Mitten in einer Abfallgrube (okay,
ich übertreibe) kann keine erotische Nähe entstehen.
Auch keine andere Nähe – wie Gespräche, wie Meditieren, wie, völlig undenkbar, Schreiben. Manche können
das, ich nicht. So bestand ich darauf, dass wir uns in Zukunft wieder grundsätzlich bei mir sahen. Nachdem ich
ihr mehrmals angeboten hatte, als Müllmann anzupa-
cken und die Halden abzutragen. Vergeblich.

Lina war gekränkt – und gab nach. Wir mochten uns, wir begehrten uns. Wir hatten keine Liebesbeziehung, aber auch keine kalte Bettgeschichte. Eher eine innige Affäre, in der man sich auch jenseits der körperlichen Zuneigung um den anderen kümmerte. Und nie verlangte Lina mehr. Kein Schrei nach Kleinfamilie, nach Haus und Kind, nach Ewigkeit. Wie sexy, wie rar.

Ich hörte nicht auf – wie verbohrt –, sie überzeugen zu wollen, dass weniger Besitz ein leichteres Leben bedeute, dass eine Wohnung an Schönheit gewinnt, wenn nicht alle zwei Schritte Teile quer liegen, die weder das Auge erfreuen noch einen Hauch von Zweck transportieren, ja, die einzig vorhanden sind, weil ein Mensch die für ihn bedrohliche »Leere« nicht aushält. Ein Wohnzimmer sollte Ruhe, ein Schlafzimmer Vertrauen verströmen. Bei Lina erstickte man, kein Möbel, kein Ding verstrahlte Wärme. Man öffnete die Tür bei ihr und musste zuerst das Gelände sondieren, um eine Sitzgelegenheit zu finden, die man ohne möglichst viel Aufwand von ihrer Last befreien konnte: Kissen weg, Zeitungsstöße auf den Boden deponieren, Klamotten verlagern.

Heute weiß ich, dass gut gemeinte Absichten nicht unbedingt Gutes produzieren: Haben meine Reden zu Linas Unglück beigetragen? Eher nicht, ich will mich nicht überschätzen. Schuld auf sich laden kann auch etwas Pathetisches haben.

Nie habe ich verstanden, warum Frauen und Männer Fakten schaffen, die ihr Leben – für jeden von uns anstrengend genug – zusätzlich beschweren. Statt dafür zu sorgen, es cooler zu organisieren. Sodass mehr Zeit für Tätigkeiten bleibt, die vergnügen, die uns kreativ fordern und unser Herz und Hirn reicher machen. Nicht zu vergessen den ganzen Leib. Kein Mensch wird auf dem Totenbett bereuen, zu wenig Mühe in das Umschichten von Unrat investiert zu haben.

Dann kamen die unbeschwerten Monate. Auch weil ich tatsächlich aufgehört hatte zu moralisieren, mit keinem weiteren Wort ihre Schuttgrube erwähnte. Die kam nicht mehr vor, ich betrat sie nicht mehr. Denn die Abende und Nächte verbrachten wir ja bei mir. Zudem hatte ich begriffen, dass man Frauen wie Männer – bildlich gesprochen – nur unmerklich berühren kann. Der Einfluss auf den Nächsten ist minimal.

Das Ende kam überraschend, ohne Ankündigung, ohne Vorahnung. Es kam, und alles war zu Ende. Eines Tages lag Lina tot in ihrer Wohnung, mittendrin. So die Polizei, die ich nach einer Woche unerklärter Stille benachrichtigt hatte. Die Obduktion ergab Freitod durch die Einnahme von Antidepressiva. Kein Abschiedsbrief, auch sonst kein fürsorglicher Selbstmord, nichts war geregelt, niemand vorher verständigt. Da ich weder Verwandter noch Ehemann war, kam ich nur schwer an Informationen heran. Zudem lebten wir zwei Ausländer in einem fremden Land. Von ihrer Familie wusste ich nichts, nur die paar Sätze, dass ihre Kindheit ohne Brüllen und Prügel verlief, folglich keine besonderen Vorkommnisse zu berichten waren. Heute denke ich, dass sie meine lästigen Fragen loswerden wollte und irgendetwas verlautete, um weitere Nachforschungen zu verhindern.

Ihr Tod ein Versehen? Doch wer schluckt irrtümlich dreißig Pillen statt einer? Und war er längst geplant? Oder überstürzt, aus plötzlicher bodenloser Not?

Ich wurde von der Polizei vernommen, aber meine

Aussagen waren kaum hilfreich. Lina war die verschlossenste Frau, der ich je begegnet bin. Ich hätte etwas erfinden müssen, um einen Wink zu geben, warum die Übersetzerin (Russisch, Serbisch) sich das Leben genommen hatte. Nein, Messies sind nicht todessüchtiger als Minimalisten, und alles andere war »normal« an ihr, keineswegs auffällig.

Wer dürfte behaupten, in das Herz eines anderen blicken zu können.

Dennoch, für einen, der glaubt, Menschenkenntnis zu besitzen, ist das ein betrübliches Eingeständnis. Eisern hatte Lina dichtgemacht. Sie verkörperte ganz offensichtlich das Gegenteil jener Schwatzsucht, die grundsätzlich jeden Furz die Welt wissen lässt. Lina war intelligent, attraktiv, finanziell unabhängig – und todtraurig. Vermutlich, ich kann nur raten.

Es widert mich an, öffentlich von meiner »Betroffenheit« zu reden. Man kennt die Leute, die vor laufender Kamera zuerst »sprachlos« sind und dann wortreich loslegen. Ich war nicht sprachlos, ich war still.

Henry James schrieb einmal: »Sag nie, du weißt die letzten Worte über ein menschliches Wesen.« Lina ging weg, und eine Flut von Geheimnissen verschwand mit ihr.

Helden und Duckmäuser

Ich bin immer noch ein Kind. Weil ich Erwachsenen zuschaue und sie nachahme. Wenn sie mir gefallen – ihre Worte oder Gesten oder Taten. Oder alles zusammen. Sehe ich einen Großzügigen, bin ich mindestens vierundzwanzig Stunden lang großzügiger als zuvor. Sehe ich einen Gütigen, fällt mir ein, wie oft ich nicht gütig war. Sehe ich einen lächeln, merke ich, wie verspannt ich gerade daherkomme. Stets drehe ich mich nach jenen in der Welt um, die noch nicht gezeichnet sind von Herzensträgheit und dem unbedingten Willen, als Zombies zu altern. Erwische ich einen Wildfremden in flagranti bei einer kleinen Heldentat, erzähle ich sie jedem. Damit wir ihn oder sie nicht vergessen.

Mein Enthusiasmus hat seine Kehrseiten. Begegnen mir die Geizkrägen und Grimmigen, die Ungenießbaren, Schafsköpfe und Befehlsempfänger, dann zeige ich eiskalt mit dem Finger auf sie. Auch von ihnen muss ich reden. Sonst platze ich.

Konkret: Ich war für einen Tag in einer deutschen Großstadt. Der Name spielt keine Rolle, da es überall so hätte sein können. Ein guter Tag, denn ich lernte etwas über das Leben.

Kurz vor neun begann die erste Lehrstunde. In der U-Bahn. Die Szene dauerte keine zwei Minuten, aber sie war heftig und bestechend: Ein Mann mit einer Visage wie aus einem Mafiafilm fing plötzlich an, auf eine Frau einzuschreien. Und sie am Mantelkragen zu packen und zu schütteln. Wie jemanden, den man rabiat zur Rechenschaft zieht. Bevor ich Zeit hatte herauszufinden, ob ich mich traute oder ein Waschlappen war, stand eine Frau auf – vielleicht vierzig, gut gekleidet, gutes Gesicht – und ging einige Schritte auf das Paar zu. Sie ging ruhig, ohne Hast, stellte sich neben den Schüttler und sagte, rätselhaft gefasst: »Respektieren Sie bitte Ihr Gegenüber. Haben Sie eine Meinungsverschiedenheit, lösen Sie sie auf zivilisierte Weise.« Dann kehrte sie zurück zu ihrem Platz, und das Wunder fand statt: Der Mafioso hielt den Mund. Und blieb still. Als hätte man ihn aus seiner rasenden Hypnose geholt. Und der Wagon schwieg vor Bewunderung.

Tagsüber hatte ich Termine. Der Lernquotient war bescheiden, nicht bemerkenswert. Das wurde er erst wieder abends. Ich ging ins Kino, in die Nachtvorstellung von *127 Hours:* die wahre und bewegende Story von Aron Ralston, einem amerikanischen Naturfreak, der beim Klettern in einen Canyon gestürzt war. Und lebend unten ankam. Freilich mit einem unrettbar eingeklemmten Unterarm. Dem rechten, dem wichtigeren. Ein Todesurteil, denn niemand wusste, wohin sich der Bergsteiger aufgemacht hatte.

Jeder Versuch, sich zu befreien, scheiterte. Bis Aron nach 127 Stunden, nach fünf Tagen und fünf Nächten, den letzten Ausweg akzeptierte: sich Elle und Speiche zu brechen und den Rest, das Fleisch und die Nerven (!), mit einem winzigen Taschenmesser zu kappen. Ich war immerhin tapfer genug, nicht wegzuschauen, als es (im Film) so weit war.

Eine Viertelstunde später gingen die Lichter an, und nun, schon nach Mitternacht, geschah das noch Unfassbarere: An der Kreuzung in direkter Nähe standen die Kinobesucher. Kein Auto weit und breit. Jeder von ihnen hatte knapp zwei Stunden lang einen Mann beobachtet, der sein Leben riskierte, um es zu retten. Doch sie verharrten, regungslos, traubenweise.

Die Moral dieses anregenden Tages? Die da: Eine wagt viel, einer wagt alles. Und die Übrigen rühren sich nicht und warten, bis ein grünes Männchen ihnen erlaubt, die Straße zu überqueren.

Hundert Wunden und eine unverbrüchliche Liebe

Einem deutschen Freiherrn verdanke ich meine allererste selbstständige Reise. Sie dauerte vielleicht eine Minute, war 200 Meter lang und endete mit einem Schrei. Zum ersten Mal war ich auf ein Fahrrad gestiegen, ausgeliehen von einem Freund. Ich wollte es können wie er: lässig in die Pedale treten und ab und zu freihändig angeben.

Das wurde nichts, zumindest nicht an diesem Tag. Immerhin schaffte ich dreißig Sekunden, dann ließ ich die Hände vom Lenker, das Vorderrad schlug aus, und da gerade eine Mauer im Weg stand, war dort die Reise zu Ende. Mein linker Handrücken schürfte auf, ich fluchte, ich blutete, ich hatte mich blamiert.

Ich war sechs, und eine große Liebe begann.

Karl Friedrich von Drais gilt als Urerfinder des Fahrrads. Das war 1817, und sensationell neu »lief« er damit durch Mannheim. Der Adlige saß auf dem Sattel seines bizarren Gefährts aus Holz und strampelte mit den Beinen, um vom Fleck zu kommen. Das »Laufrad« erreichte knapp 15 Kilometer pro Stunde.

Egal, er war der Mann, der die geniale Idee hatte, sich mittels eines Paars Räder fortzubewegen. Gut fünfzig Jahre später erfand der Franzose André Guilmet den Kettenantrieb, und irgendwann sahen die Räder so aus, wie wir sie heute kennen. Ein wenig schneller sind sie auch geworden, seit September 2018 steht der Rekord bei 296,009 (!) km/h – gehalten von einer Frau.

Die Frau bewundere ich, und Karl Friedrich bin ich über die Maßen verbunden. Ihm schulde ich etwa zwanzig Unfälle, Dutzende Prellungen, Blut an zahlreichen Körperstellen, eine peinsame Niederlage als »Radrennfahrer«, viele Stunden in Wartezimmern, zwei Operationen und zwölf gestohlene Fahrräder.

Kein einziges Mal hat meine Dankbarkeit Anzeichen von Schwäche gezeigt. Nie wieder war ich so liebesstark, so unbelehrbar ergeben. War es. Bin es.

Das Fahrrad als Inbegriff von Freiheit. Ich lernte es zu jener Zeit kennen, in der ich zu träumen anfing, die Flucht zu ergreifen. Weg von allen, die Macht über mich hatten. Für die große Flucht, so wurde im Laufe der nächsten Jahre klar, war ich zu feig – aber die kleinen gelangen: Ich stieg auf, heimlich, und radelte davon. Stets von dem Gefühl begleitet, je heftiger ich reintrete, desto schneller bin ich unauffindbar. Irgendwo in einem Wald, irgendwo an einem Bach, irgendwo in einem nahen Dorf. Für ein paar Stunden lauerte keine Gefahr. Und ich hatte genug Muße, mir eine Lügengeschichte auszudenken. Denn unerlaubtes Entfernen wurde geahndet. Eine clever erfundene Geschichte konnte sie verhindern. Nicht immer. Die Verbitterung über mich, den Sohn, war grenzenlos.

Erst als Erwachsener würde ich bemerken, dass für viele der Begriff Freiheit keine so wichtige Rolle spielt. Sie begeistern sich für Wohlstand, für Religion, für eine Ideologie oder die Glorie ihres Landes. Manche verstehen unter Freiheit die Tatsache, zwischen dreihundert

Haarshampoos wählen zu dürfen. Mir ist sie das höchste Gut.

War ich vierzehn, als ich etwas Grundsätzliches verstand? Dass ein freies Leben ohne Lüge nicht möglich ist? Da Freiheit ein gefährliches Phänomen ist: für die, die sie unterdrücken, und für die, die ohne sie nicht leben wollen. Ob nun Lehrer oder Priester oder Väter, ob – später – die Liebenden: Einer überwacht den anderen, und wehe, eine/r schlägt über die Stränge.

Des anderen Freiheit rührt an unsere tiefsten Ängste. Die vielen arrangieren sich, treten freiwillig einen Teil ihrer Träume ab. Ich nicht. Keine einzige Lüge – wenn denn meine Freiheit verhandelt wurde – habe ich bereut. Nie der Hauch eines Schuldgefühls. Keine Sehnsucht – nicht Geld, nicht Ruhm, nicht Sicherheit – trieb mich rabiater an.

Nur nicht einkesseln, nicht einzäunen lassen. Aber ja, ich habe Kompromissen zugestimmt, billigen, faulen – bei den weniger dramatischen Angelegenheiten. Hier jedoch nicht, hier gab es keinen Spielraum. Die rote Linie zur Unfreiheit war unübersehbar, niemand durfte sie überschreiten.

Natürlich wurde sie überschritten. Von jenen, die über die Mittel der Gewalt verfügten. Doch ich verriet sie nicht, ich ertrug die Züchtigungen und schwor keinem Millimeter Freiheit ab. Im Gegenteil, die Wut festigte mich. An ihr erkannte ich, wie wertvoll sie ist. Und wie teuer man für sie bezahlen muss. Irgendwann würde ich bei Henry Miller lesen: »Freedom is a hard master.« So wahr.

Nein, ich bin nicht vom Thema abgekommen. Aber ich musste ein paar Gedanken klarstellen, die hierhergehören, zum Fahrrad. Kein Teil hat mir damals – in den Zeiten der Jugend, in denen ich versuchte, die Waffen für mein späteres Leben zu schmieden – so beigestanden, so unverbrüchlich beim Auf und Davon vor den Erwachsenen, den grauen Herren, den grauen Damen.

In Gangsterfilmen gibt es ein Fluchtauto, bei mir ein Fluchtfahrrad. Entschieden langsamer, doch entschieden wendiger. Durchaus erheiternd das Abbiegen – gegen die erlaubte Fahrtrichtung – in eine Einbahnstraße und wütenden Autofahrern trotzen. Oder der Polizei entkommen, weil wieder einmal der verdammte Dynamo ausgefallen war. Oder weil ein Freund vorne auf dem Lenker saß. Oder weil man freihändig – ich lernte es tatsächlich – und pfeifend um eine Ecke zischte.

Unheimlich dieser Wille, energisch zu verbieten. Lebensfreude war verdächtig. Irgendwie war sie ungesetzlich. Und in meinem Kaff zweifellos wenig gottesfürchtig.

In den Ferien fuhr ich Zeitungen aus, frühmorgens um sechs. Die Arbeit gefiel mir: unabhängig sein, mit dem Rad unterwegs und nebenbei ein Taschengeld verdienen. In einem Hollywoodfilm hatte ich gesehen, dass alle diese Jungs Schiebermützen trugen. Bei einem Schrotthändler fand ich eine. Ich sah schick damit aus.

Viele Jahre später würde ich erfahren, dass solche Kappen in Amerika »newsboy cap« heißen. Und fing wieder an, sie zu tragen.

Bald flüchtete ich zu den Pfadfindern. Zu den kleinen Männern, die Abenteuer leben wollten. Das entscheidende Motiv für den Beitritt war jedoch die Aussicht auf »Gruppenfahrten«. Nie per Bus, nie im Zug, immer mit dem Rad. Noch ein Fluchtweg. Jetzt weit weg, eine

Woche, zwei Wochen lang: Messer werfen und Spuren suchen, Bäume hochklettern, Feuer machen – und der unbedingte Wille, ein Mann zu werden.

An einem Wochenende hatte ich feierlich vor versammelter Truppe geschworen, »jeden Tag eine gute Tat zu tun«. Und am folgenden Dienstagnachmittag stürzte ich in einen Straßengraben: Meine erste große Fahrt, und der Riemen der Satteltasche am rechten Hinterrad geriet in die Speichen. So verließ ich via Lenker das Fahrrad. Instinktiv streckte ich die Hände aus, um den Kopf zu schützen. Dennoch, der linke Zeigefinger erreichte zuerst den Asphalt: verbogen, um 90 Grad. Er sah aus wie ein Winkeleisen, doch kein einziger Wimmerton entkam mir. Im nächsten Krankenhaus wurde der Verformte in Eiswürfel gebadet, sacht zurückgebogen, eingecremt und dick verbunden – Kapselriss.

Das gefiel mir, ich sah verwundet und verwegen aus. Ein gelungener Einstieg. Hätte ich geheult, hätten sie mich bemitleidet. Und ein bisschen verachtet. Wie peinlich!

Mehr Notlandungen folgten, weniger dramatisch, aber garantiert körpernah: Die Kette sprang heraus und verhängte sich. Wieder eine Vollbremsung, wieder eine Bauchlandung. Oder plötzlich versagte die Hinterradbremse, und ich flog auf den Kofferraum des Autos vor mir. Oder der Lenker brach links ab, zum Glück fuhr ich steil bergauf, so erreichte ich eher sanft das Kopfsteinpflaster. Nicht auszudenken, wenn es mitten in einer Schussfahrt geschehen wäre. Oder ein anderer Radfahrer kam mir in die Quere und rammte mein Schienbein.

Jeden Monat, so bildete ich mir ein, lag ich einmal flach. Kein Wunder, denn ich saß jeden Tag auf und gab

Vollgas. Es ging nicht anders, kam ich doch ins *bull age*. Zudem war ich süchtig geworden: nach dem Gefühl in den Muskeln, in dem jungen Leib, der erwachsen wurde, süchtig nach der Gewissheit, dass niemand wusste, wo ich war. Für Stunden, immerhin.

Mein Fahrrad, billig und aus dritter Hand, gehörte jetzt zu meinen Freunden. Unfassbar treu, immer zur Stelle, nie ein Murren. Doch so viel Nähe verspricht auch Schmerzen. Als es eines Morgens weg war, geklaut, war ich über Nacht Vollwaise geworden. Ich heulte. Den verdrehten Finger habe ich lautlos verkraftet. Das nicht.

Die Trauer hielt an, da mir Geld für einen Ersatz fehlte. So begann ich zu stehlen. Überraschenderweise ohne größere Gewissensbisse. Ich bereicherte mich bei meinem Vater. Da er mich täglich und unbezahlt zur Kinderarbeit (»Arbeitsdienst«) heranzog, besorgte ich mir heimlich den Lohn.

Bei Meister Huber, dem hilfsbereiten und kauzigen »Rad-Ingenieur«, bekam ich für 30 Mark eine ordentliche Maschine, arg benutzt, doch in gutem Zustand. Zu Haus erfand ich die Geschichte von einem Bekannten, der sie mir geschenkt hätte. Wer stiehlt, der lügt. Ich sowieso. Ich hatte ja kapiert, dass Freiheit und bürgerliche Moral nicht zusammenpassen. Lügen und Stehlen empfand ich fraglos als gemäße Antwort auf Erniedrigung und Prügel. Und Ausbeutung. Wäre ich mutig gewesen, ich hätte meinem Alten ins Gesicht geschlagen. So lange, bis er umfällt und um Verzeihung fleht. Aber ich war nicht beherzt genug, nicht groß genug.

Bizarrerweise fing ich nun an, mein Rad tipptopp zu pflegen, kein Fleck, kein Dreck entging mir. Und rüstete es um: ein Rennlenker musste her, eine Trinkflasche mit

Halter, ein Reserveschlauch, festgebunden unter einem schmalen, harten Sattel.

Eines Abends starrte ich, wieder einmal, gekränkt auf meine spindeldünnen Waden und beschloss, Radrennfahrer zu werden. So würden die Muskeln schwellen, und ich käme daher wie der damalige Star unter den deutschen Rennfahrern: Rudi Altig. In der Bibliothek lieh ich mir ein Buch über die Tour de France aus. Ich sah auf die Gesichter der Sieger, sie alle sahen grandios aus. Siegen macht schön. Ich wollte auch schön sein.

In einem Nachbardorf lernte ich Richard kennen, hauptberuflich Maurer und nebenbei als Amateur mit dem Rennrad unterwegs. In der C-Klasse, der untersten. Ein Brocken von Mann, Beine aus Stahl und ein herzensguter Mensch. Wir wurden Freunde und trainierten zusammen. Vierzig, fünfzig Kilometer, viermal die Woche, er vorneweg, ich in seinem Windschatten. Er war wie ein Bruder, kümmerte sich um mich, korrigierte Haltung und Atem, spornte an.

Wir planten eine Reise nach München, um ein Rennen zu sehen. Ich erfand eine detaillierte Lügengeschichte, um wegzukönnen. Die Großstadt war ja tabu, Sperrgebiet. Denn dorthin war Mutter vor ihrem Mann, meinem Erzeuger, geflohen. Schon vor Jahren. Sie zu besuchen stand unter Strafe.

Als wir mit dem Zug, die Räder im Gepäckwagen, am Hauptbahnhof ankamen, war es bereits dunkel. Aus Sicherheitsgründen – damals gab es noch keine Radwege, zudem hatten wir keine Lichter montiert – radelten wir auf dem Trottoir.

Richard und ich waren bester Laune. Mutter arbeitete bei wohlhabenden Leuten als »Hausdame«. Die Familie war nach Italien verreist – ohne sie. So wartete eine Villa mit feinen Betten und gutem Essen auf uns.

Das unbeschwerte Dinner zu dritt verzögerte sich. Die Strecke nach Harlaching war über sechs Kilometer lang, und wir zwei sprinteten immer wieder los, jeder wollte als Erster bei der nächsten Ampel ankommen. Bis wir irgendwann – entlang der schwach beleuchteten Wege – eine Bordsteinkante übersahen und auf dem Asphalt aufschlugen. Mich erwischte es nur an den Knien und der rechten Schulter, die weggerissene Haut war eindeutig Zeuge. Freilich harmlos im Vergleich zu Richard. Er brauchte eine Weile, um aufstehen zu können. Sein Gesicht blutüberströmt, auch die beiden Hände und Unterarme voller Blut. Er sah zum Fürchten aus. Den Rest der Strecke gingen wir zu Fuß, schoben bedächtig die Räder.

Mutter war bestechend, entwickelte eine Tatkraft, die ich an ihr nicht kannte. Sie holte die reich bestückte Hausapotheke, wusch die Wunden (und später unsere blutige Kleidung), verrieb vorsichtig Bepanthen und legte gekonnt die Verbände an. Richard schien überaus gerührt von der Fürsorge einer Frau zu sein, die – in seiner Welt – zu einer »höheren Klasse« gehörte.

Mutter kochte, die Schmerzmittel fingen an zu wirken, und ich bewunderte sie: sie, die ich bisher als eher schwach und hilflos erlebt hatte.

Alles ging gut. Wir sahen das Rennen, wir fuhren zurück, und da meine Verletzungen unter Hemd und Hose nicht sichtbar waren, wurde meine erfundene Story nicht hinterfragt. Ich hatte mich nicht getäuscht: Dank meines Lügenmärchens konnte ich drei Menschen eine Freude machen: Mutter, Richard und mir. Nichts davon wäre möglich gewesen, hätte ich wahrheitsgemäß berichtet.

Es gab eben »gute Lügen« und »böse Lügen« – die guten trugen zum Weltfrieden bei, die bösen bewirkten Böses. Ich lernte früh, genau zu unterscheiden. Ich weiß nicht mehr, ob es damals einen Tag gab, an dem ich nicht log. Jede Lüge erwies sich als Korridor ins Freie. Oder, bisweilen, als Schild gegen zornige Fäuste. Sprache als Waffe – auch das dämmerte mir.

Ach ja, der Sturz in München. Er soll nicht zählen, er war der Eintrittspreis für achtundvierzig Stunden Freiheit. Für sie war ich bereit, einigen Schmerz zu kassieren. Nein, nicht umsonst, denn im Gegenzug bekam ich etwas, was unbezahlbar war: fiebrige Aufregung, die Wärme meiner Mutter, Richard, den Freund.

Irgendwann kam die Pubertät, und die Zeit bei den Pfadfindern war vorbei. Es war ein sanfter Abschied, voller Dankbarkeit. Aber jetzt drängten die Hormone, Mädchen kamen ins Blickfeld, ich war kein kleiner Mann mehr. Außerdem wollte ich Radrennfahrer werden, das Verlangen nach Ansehen und Geltung war penetrant wie eh.

Richard und ich verschärften das Training. Zudem besorgte ich mir – mit unrechtmäßig erworbenem Geld, mit was sonst? – einen »Rollentrainer«. Der liegt flach auf dem Boden, hat vorne eine Rolle, hinten zwei, alle drei verbunden mit einem Riemen. Man stellt das Rad darauf und – es braucht etwas Übung – tritt los, trainiert im Stand.

Ich war Feuer und Flamme, denn die alte Krankheit »Illusionen« hatte mich erneut eingeholt. Ich hatte noch nicht verstanden, dass Erfolg ohne Talent – trotz Fleiß – nicht zu haben ist, soll sagen: Ich war als Radrennfahrer eine Null.

Der Wahn ist schnell erzählt. Ich nahm in der B-Jugendklasse – bis sechzehn Jahre – an den oberbayrischen Meisterschaften teil. Ein einziger Blick auf die Prachtbeine und modernen Räder der Konkurrenten hätte mich warnen sollen: Als Zwölfter fuhr ich über die Ziellinie – von siebenundzwanzig Teilnehmern, von denen elf wegen einer Massenkarambolage ausfielen.

Richard blieb ebenfalls auf der Strecke. Ihn besuchte ich im nahen Krankenhaus, wohin sie ihn eingeliefert hatten. Andere C-Fahrer waren über ihn hinweggedonnert. Er sah brutal aus, brutaler als in München. Aber er lächelte und sagte: »Ich mache weiter.« Ich nicht, ich taugte nichts. Ich war der Versager. Mein Vater hatte recht.

Es dauerte noch zwei Jahre, dann traute ich mich die große Flucht. Noch ein Tag des Abschieds, diesmal unsanft und ganz und gar undankbar. Der Alte und ich, das passte an keinem Tag. Nur wer vor ihm davonlief, war in Sicherheit. Tage danach holte ich heimlich mein Rad aus der Remise. Es zurücklassen wäre Verrat gewesen.

Schon überraschend. Trotz all der Schmerzen und Niederlagen, die mir mit dem Fahrrad passierten, nie schwankte ich, nie überlegte ich mir eine Alternative. Alles würde ich im Laufe der Zeit wieder verkaufen, ein Moped, ein Motorrad, ein Auto. Nicht das Rad. Nie wankte diese Liebe, sie schien unendlich leidensfähig zu sein.

Dennoch, Zustände änderten sich. Nachdem mir wieder und wieder ein Rad gestohlen wurde, vernachlässigte ich seine (äußeren) Werte. Zwei Räder, zwei Bremsen, zwei Pedale, der Rest wurde unwichtig. Vorbei das Chrom, das blitzende Zubehör. Ich putzte sie auch nicht mehr, sie sollten rosten und verdrecken. Vielleicht entmutigt das die Diebe. Nicht wirklich.

Ich überspringe ein paar Jahrzehnte, Wanderjahre, Lehrjahre, auf vier Kontinenten die drängende Suche nach einem Talent in mir. In New York, in Indien und in Mexico City gab ich, nach heillosen Versuchen, das Radfahren vorübergehend auf. Für das Vergnügen, zu sterben oder als Tetraplegiker zu enden, war ich dann doch nicht bereit. Unfälle, ja bitte, aber hinterher wäre ich gern wieder gesund. Mich schützen gegen etwaige Unbill? Womit? Mit einem Fahrradhelm? Wie läppisch.

Eine beschwingte Episode sei als Nachtrag noch zu Indien erzählt. Dort bat ich Malulal, mit dem ich mich über die Tage befreundet hatte, seine Fahrradriksha lenken zu dürfen. Mit ihm als Passagier. Er sagte Ja und sollte es bereuen. Denn plötzlich kam ich von der Straße ab und steuerte auf einen Kanal zu. Teuflische Fliehkräfte hatten das Kommando übernommen. Das Wasser und ein Baum kamen näher, und da mir rechtzeitig einfiel, dass der dreifache Familienvater nicht schwimmen konnte, entschied ich mich für den Baum. Um dort bruchzulanden. Malulal war vorsichtshalber Sekunden vorher abgesprungen, um sich zu retten. Und – wie fürsorglich – meinen Rucksack samt Notebook. Klar, wieder floss Blut. Doch nur meins, wie beruhigend.

Irgendwann, nach zwei gescheiterten Versuchen, landete ich in Paris. Mit dem festen Vorsatz, den Rest meiner Tage dort zu verbringen. Begleitet von Schönheit fällt es wohl leichter, sein Leben in den Griff zu bekommen. Aber die Stadt ist eine anstrengende Geliebte, an ihrem Glanz teilhaben muss teuer erkauft werden. Als ich ankam, hatte man offensichtlich von Radfahrern noch nie gehört, von Radwegen keine Spur. Dreimal wurde ich von Sechszylindern umgenietet, die rechts abbogen, doch sich wenig um den einen kümmerten, der geradeaus fahren wollte. Wundersamerweise kam ich dreimal davon, denn nach dem Hinsegeln konnte ich wieder aufstehen. Und weiterfahren. Einmal flog eine Fahrertür auf, und Tür und ich krachten aufeinander. Ich wurde »gedoort«, wie ich es peinigend schon in New York erleben durfte. Diesmal blieb ich ein paar Minuten liegen, freundlich umsorgt von dem geschockten Autobesitzer. Dann ging es weiter.

Ich wurde konzentrierter, alle fünf Meter drehte ich den Kopf nach links und rechts, immer die Finger an beiden Bremsen, stets der linke Daumen auf der Klingel, in jedem Moment bereit, laut »Stopp!« zu brüllen, wenn jemand in die Quere käme.

Am Tempo hat sich nichts geändert. Ich kann nicht langsam gehen und nie langsam Rad fahren. Langsame rauben Lebenszeit. Doch, ich wurde umsichtiger, nicht vorsichtiger. Dennoch fuhr ich ruppig, schwenkte unversehens auf Gehwege, schnitt Fußgängern den Weg ab, überholte haarscharf neben ihnen. Wichtig nur, dass niemand durch meine Schuld zu Schaden kam. Als nobler Herr fiel ich nicht auf.

Die Legende geht um, Radfahrer führten sich zivilisierter auf als motorisierte Zeitgenossen. Von wegen. Die meisten benehmen sich wie ich: Man fasst die Dummheit der anderen nicht, man schüttelt schnaubend den Kopf und schreit obszönes Zeug. Versuche meinerseits, mich moralisch upzugraden, gab es. Durchaus erfolglos. Doch der Wille war da.

Während ich durch China reiste, fuhr ich oftmals in

einem Pulk von zweihundert mit. Ein Flow entstand, wohltuend diese Gelassenheit. Kein Lostreten, kein Abbremsen, einfach gleiten. Mit letztem Gleichmut. Wie bewundernswert. Ich nahm mir fest vor, in Zukunft so elegant und seelenruhig unterwegs zu sein. Leider bin ich ein schwacher Mensch, denn kaum saß ich in Paris wieder auf, war der Orient vergessen, und alle Gelassenen kamen mir unzumutbar träge vor, die unbedingt überholt werden mussten. Das ist wohl ein Gen, gegen das anzutreten vollkommen sinnlos ist. Niemand besiegt Gene.

Dennoch, als Radfahrer halte ich nur Trümpfe in der Hand: Ich stinke nicht, ich mache keinen Krach, ich verschleudere keine fossile Energie, und nie pflastern Blutlachen und Leichen meinen Weg. Bei aller Getriebenheit habe ich nie jemandem ein Haar gekrümmt. Im Gegenteil, ich rettete Dutzenden das halbe Leben, indem ich tollkühn den Blindwütigen auswich, die lieber auf ein Handy starren, als die Welt um sich herum wahrzunehmen.

Zuletzt sei mir eine kleine Unbescheidenheit erlaubt: Der *romance factor* stieg dank mir in der französischen Hauptstadt – na ja, geringfügig. Genau genommen waren es die Frauen, die jeweilige Freundin, die auf der Fahrradstange Platz nahm und sich von mir durchs abendliche Paris chauffieren ließ. Vorbei an vielen einsamen Männern in ihren dicken Limousinen. Zweifellos, eine Frau mit wehendem Haar im Fahrtwind sieht ergreifender aus als Menschen in ihren verriegelten Blechkisten. Was eine doppelte Freude provozierte: Einmal über meinen Passagier, ich war ja verliebt, und einmal über die schlichte Tatsache, dass es noch Vergnügungen gab, die ganz analog funktionierten. Aber ja, alle fünf Sinne sollten teilnehmen und gewiss wir zwei, die Frau und ich, die sich nah sein wollten.

Als ich anfing, als Reporter zu arbeiten, hatte ich das Glück, in Kairo mit Guido Mangold, dem höchst angesehenen Fotografen, unterwegs zu sein. Er erzählte mir, dass er als Bäckerlehrling im väterlichen Betrieb angefangen habe und dass er, später als Fotojournalist, als Erstes eine Bäckerei fotografiere – wo immer er lande. Aus reiner Sentimentalität. Mich trieb auch eine Marotte an, versuchte ich doch, in jedem neuen Land einen Radfahrer anzuhalten und ihn gegen Entgelt zu überreden, mir sein Rad für eine halbe Stunde zu überlassen. Mit dem harmlosen Spleen im Kopf, dass ich auf diese Weise der Fremde näherkäme. Ich kann also mit Fug und Recht behaupten, dass mein Hintern auf mehr Fahrradsätteln saß als so manch anderer. Und noch etwas – ist das gaga? Ich liebe das surrende Geräusch der Hinterradnabe, wenn man das Rad rollen lässt, im Leerlauf. Wie unterschiedlich es sich oft anhört. Doch stets ungemein besänftigend.

Vieles wurde besser. Paris bekam einen schwulen Bürgermeister, und der war der Richtige: *Des pistes cyclables,* Radwege, wurden angelegt, sowie die *couloirs,* Fahrspuren, ausschließlich reserviert für Busse, Taxis und uns. An jeder dritten Ecke entstanden »Parkplätze«, wo man sich für wenig Geld ein Rad ausleihen konnte. Ein paar Erleuchtete hatten tatsächlich begriffen, dass wir uns hier zu Tode röcheln, wenn wir nicht lernen, uns findiger fortzubewegen.

Ich wurde ebenfalls intelligenter. Nach dem sechsten hier gestohlenen Rad kaufte ich zwei Schlösser, die man nur mit einer Handgranate hätte öffnen können. Zudem griff mein Minimalismus nun auch aufs Rad über. Nur das absolut Notwendige durfte bleiben – feuerrot und leicht. Sogar Vorder- und Hinterrad mit je sechsunddreißig Speichen ersetzte ich durch Räder mit je drei Stahlspeichen. »Zen« war das Ziel. Konsequenterweise fiel mir die Parallele zwischen meinem Rad und meinem Schreiben auf, bescheidener formuliert, die Parallele, die mir vorschwebte: keine Silbe zu viel, mich von keinem unnötigen Equipment, sprich Geschwätz, verführen lassen, nur stehen lassen, was die Geschichte vorantreibt.

Ich wollte werden wie mein Fahrrad: so gewandt, so manövrierfähig, so listig an allen vorbei. Gleichzeitig wurden die Räder um mich herum stets wuchtiger, ein Körbchen vor dem Lenker, ein Soziussitz hinterm Sattel, eine Riesenkiste für mitreisende Kinder, mächtige Stoßdämpfer für die Gabel, überall Schutzbleche, imposante Lichtanlagen, 21-stufige Gangschaltungen mit drei Kettenblättern vorne und sieben Ritzeln hinten, ja, irgendwann war die Entzauberung vollzogen: Dicke schwarze Blöcke aus Eisen hingen nun am Rahmen: der Motor. Manche Gefährte zuletzt so breit wie eine Harley und so schwer wie eine Elefantenkuh. Ich musste an Aristoteles denken, als er den Markt auf der Agora von Athen betrat, die Arme ausbreitete und frohlockte: »Nie sah ich so viele Dinge, die ich nicht brauche.«

Unbegreiflich, wie penetrant Leute darauf bestehen, ihren Körper nicht spüren zu wollen, nicht die Muskeln, nicht die Freude am Widerstand. Von der Couch-Potato zur Bicycle-Potato, ohne das Risiko, eine einzige Kalorie zu verlieren. Der Leib als Perpetuum immobile, der auf Biegen und Brechen jeden Kontakt zu sinnlicher Erfahrung meidet. Irgendwo stand, dass bald beheizte Pedale zu haben sind. Die herrlichste aller Welten ist nicht mehr fern.

Es soll mich nicht kümmern, mir ging es gut. Ein Leben ohne Fahrrad war vorstellbar, aber unmöglich. Kein anderes Ding war mir je so nah gekommen. Vielleicht mein 900 Gramm leichter Mac. Auch er – Steve Jobs hat es mehrmals erwähnt – war nach Prinzipien des Zen entworfen worden. Klarheit, Simplizität, Effizienz, Leichtigkeit. Doch die Mac-Liebe war jünger, viel jünger, nicht so ehern geschmiedet.

Manchmal sprachen mich Leute an, deuteten auf das Rad und riefen: »Qu'est-ce que c'est beau!« – *ah, wie schön es ist!* Ich mag es, wenn ich zu den kleinen Freuden des Alltags beitrage.

Gute Zeiten sind verdächtig. Glück macht Angst. Nur Helden ertragen es ohne schlechtes Gewissen. Irgendwann kommt die Rechnung. Bei mir kam sie an einem Märztag 2015. Sie sah so aus (ich verkürze aufs Notwendigste): In Schussfahrt auf eine (übersichtliche) Kreuzung zu, von links kommt ein Auto, das mir die Vorfahrt nimmt, ich bremse noch, um zu verhindern, dass ich in den rechten Vorderflügel krache. Zu spät, samt Rad fliege ich über die Kühlerhaube und lande drüben auf dem Asphalt: am Leben, nicht einmal bewusstlos, ja, ich spüre meine Hände und Beine. Uff, ich bin nicht gelähmt – und kann mich dennoch nicht bewegen. Vielleicht der Schock. Ein hilfsbereiter Mensch richtet mich auf, wie einen Pappkameraden, der umgefallen ist. Der Täter (die Täterin?), erfahre ich, ist längst davon. Ich warte, bis die notwendigen Kräfte zurückkommen. Dann wie in Trance losziehen Richtung Wohnung, eher schmerzlos, bedächtig, das verbeulte Rad schiebend. Undenkbar, dass ich es zurücklasse.

Hinter den paar Zeilen lauert ein Martyrium: Nach Stunden schon breitet sich hündische Pein aus, Irrgänge zu Ärzten, die einen ahnungslos, die anderen hilfsbereit und besorgt, irgendwann die unvermeidliche Operation, hinterher dieselbe hündische Pein und bald die tägliche Einnahme von zwei Diclofenac AL 50 und einer Tilidin 50 oder 100 mg. Anschließend die kurzen Zeiten der Euphorie. Keine Physiotherapie war möglich, da jede Berührung dem Körper unerträglich war. Zu den Tabletten kamen die Spritzen, enorm viele Spritzen. Ich bettelte darum, ich liebte sie. Ich wusste um die Gefahren, und alle Doktoren warnten mich. Doch ich kann nicht sagen, wie mich ihr Gerede ermüdete. Ich winselte so lange, bis ich bekam, was mir zustand. Denn es gibt Schmerzen zwischen Himmel und Erde, denen jede Zukunft egal ist, sie sind nur Gegenwart, nur jetzt und teuflisch.

Da ich keine Badewanne besitze, saß ich oft in diesen Monaten bei Freunden in der Wanne. Sie war der einzige Ort, an dem das Leben leicht und unbeschwert war.

Irgendwann heilte ich, konnte wieder gehen, wieder laufen, wieder ein Rad besteigen. Nur der Rücken, der schien mit lebenslänglicher Marter gezüchtigt worden zu sein. Etwa ein Dutzend Bewegungen verweigert er seitdem. Und wenn ich sie erzwinge, dann sticht er zu, mitten ins Nervensystem.

Nun kamen fünf Jahre Glück. Wie die meisten Behinderten lernte ich, meine Defizite einigermaßen zu kompensieren. Nicht einen Tag dachte ich darüber nach, das Fahrrad aufzugeben, da gefährlich, da zu hoch die Kosten für Leib und Leben. Die Liebesgeschichte hielt, trotz aller Stürme. Zudem, welche Alternative hätte ich? Die Metro? In schlechter Luft die wenig glücklichen Gesichter aushalten? Ach, mich deprimiert der Jammer anderer. Ein Auto? Eher gehe ich auf Stelzen durch die Stadt.

Dann kam wieder ein Märztag, nun im Jahr 2020. Und wieder flog ich vom Sattel. Das alte Spiel: Ein Schwerbewaffneter alias der Autofahrer rammt einen Unbewaffneten, mich. Diesmal war wohl nicht genug Platz, deshalb musste ich von der Straße auf den Bürgersteig gefegt werden.

Noch einmal im Schnelldurchlauf: Der Täter entschwand, ich humpelte nach Hause. Mit seltsam verdrehtem rechtem Knie. Auf nach Deutschland und Irrwege in sechs verschiedene Praxen – ohne Ergebnis. Das elfte kontaktierte Krankenhaus erbarmte sich schließlich – Corona inzwischen – und erklärte sich bereit, mich zu operieren. Weil »bleibende Schäden« drohten.

Zwei Stunden nach dem Eingriff wurde ich entlassen, mit zwei Krücken und drei Schmerztabletten. Nach zwei Tagen, so der Chirurg, wäre ich munter und ohne Beschwerden.

Irgendetwas muss auf dem Operationstisch schiefgelaufen sein, denn über acht Monate griff ich jeden Abend zu meinem stets transportablen Giftschrank und warf ein, was schon früher geholfen hatte. Diesmal legte mich die Freundin in die Badewanne. Und holte mich wieder heraus.

Und irgendwann hörte das Bein auf, nachts zu zittern. Als hätte mich das *Restless-Legs-Syndrom* geplagt. Aber nein, der Schmerz zitterte – wenn ich tapfer genug war, auf die Pillen zu verzichten. Ich war selten tapfer.

Das ist die Geschichte meiner einzigen unverbrüchlichen Liebe. Einen treuer Liebenden als mich wird ein Fahrrad nicht finden. Kein Debakel hat uns je entzweit. Kein Gedanke an den so zahlreich malträtierten Körper ließ mich schwächeln. Eine reine, eine ewige Liebe, aus blankem Eisen, aus Fahrtwind und Muskeln, aus Dellen, verbogenen Knochen, Leichtsinn und namenloser Freude. Bei Liebesbeziehungen zwischen Frau und Mann (oder wer immer sich lieben will) kommt irgendwann, ganz unvermeidlich, die geheime Frage: Will ich nicht woanders sein? Ist mir der Mensch genug? Bin ich ihm genug? Und Antworten kommen hoch, denen man lieber aus dem Weg ginge. Nicht bei dieser Liebesgeschichte. Sie ist unsterblich.

Zum Schluss ein heiteres Bild: Nach dem zweiten Unfall war Physiotherapie erträglich. Und natürlich fuhr ich mit dem Rad zum Therapeuten. Doch da das rechte Bein – mit Orthese – noch steif war, saß ich auf dem Sattel wie Karl Friedrich von Drais, der Erfinder des Rads. Damals, 1817. Und mit den Krücken über den Rücken geschnallt strampelte ich, wie er, der Freiherr, um voranzukommen. Ich war gut gelaunt und voller Vorfreude auf die schnelleren Zeiten.

Die neue Weinerlichkeit

Es passierte in Kambodscha. Ich war mit Nip unterwegs, meinem Motorrad-Taxifahrer. Ich wollte in einen unwegsamen Teil des Landes, in dem keine Autos mehr verkehrten. Zu tief waren die Löcher in den Straßen, längst ruiniert durch die Regenzeit. Ich sprang oft ab, damit der junge Kerl seine Maschine besser manövrieren konnte. Als ich wieder einmal abstieg und über die Wiese daneben sprintete, hörte ich plötzlich den Siebenundzwanzigjährigen »Stopp! Stopp! Stopp!« brüllen. Ich drehte mich um und sah, wie er wild gestikulierend auf ein Schild deutete: »Danger! Mines!«

Der Hinweis auf Landminen, das Erbe einer Terrorherrschaft, die erst ein paar Jahre zurücklag. Mit letzter Konzentration tippelte ich den Weg zurück, den ich gekommen war. Nip hatte mich vor dem Rollstuhl bewahrt, das gab einen dicken Schein extra für ihn.

Das ist sicher ein rabiates Beispiel, doch – im übertragenen Sinn – stimmt die Parallele perfekt. Was immer man heute sagt, sofort schreit jemand los und weist zurecht: Achtung, Mine! Achtung, Wortmine! Achtung, du Rohling! Achtung, du Sexist! Achtung, du elender Babyboomer! Achtung, du Dritte-Welt-Ausbeuter! Achtung, du Mann! Achtung – ad infinitum absurdum!

Sprache als Minenfeld. Jedes Wort ein Speer in die

Brust der Zartlinge. Hinter jedem Komma lauert Ungemach, mitten in jedem Absatz steht ein beleidigtes
Würstchen auf, und prompt bricht am Ende jedes Textes
ein Shitstorm los: Millionen (meist anonymer) Würstchen proben den Aufstand, träumen vom Terror der
tugendreichen Rechthaberei, ach, sind »betroffen«, nein,
»getroffen«, fühlen sich »gedemütigt«, ja »geschmäht«,
ja, aufs Scheußlichste »verunglimpft«.

Wollen sie doch Herzchen fliegen sehen, Smileys,
Emojis voller Küsse. Und wenn trotzdem Worte, dann
aus Luft und Liebe, mit letzter Umsicht verpackt in
Watte, befreit von aller Wirklichkeit.

Gebenedeit sei die Nichtigkeit.

Ein bisschen Theorie: In der Psychologie gibt es den
Ausdruck des »sekundären Krankheitsgewinns« (weiter
oben bereits angesprochen): Geschieht dir etwas Böses,
Schmerzhaftes oder was auch immer, das anstrengt und
verletzt, dann steckt in diesem Umstand trotz alledem
die Chance, einen Gewinn daraus zu ziehen. Nehmen
wir das Beispiel eines tätlichen Vaters, der gern seine
Söhne prügelt. Man kann daran zerbrechen und ein
scheuer Menschenfeind werden. Oder eben nicht: Man
kann wachsen und zu einem mündigen Bürger reifen,
der gelernt hat, es mit den Anwürfen des Alltags aufzunehmen.

Nicht anders bei körperlich behinderten Menschen.
Die einen verdämmern, die anderen überwinden ihr
Handicap und entdecken Kräfte in sich, von denen sie
vorher nichts ahnten. Wir bewundern sie dafür.

Beide Gruppen verfügen über etwas Beneidenswertes:
Sie greinen nicht. Sie winseln nicht. Sie weigern sich tapfer, als ambulante Heulbojen durchs Leben zu schlurfen.

Als ich in einem Zenkloster in Japan lebte, gab es dort eine sogenannte Krankenzelle, in die jene verfrachtet wurden, denen es schlecht ging. (Klar, nicht lebensgefährlich schlecht.) Diese Zelle sah aus wie alle anderen Zellen. Der Clou: Kein Mensch kümmerte sich um die Patienten. Und siehe, schon nach Tagen kamen sie kerngesund zurück. Ihre Selbstheilungskräfte hatten gewirkt, keine Minute wurde ihr Immunsystem durch Wehleidigkeit geschwächt.

Solche Zeiten sind vorbei. Eine dritte Gruppe erobert gerade den Planeten: die Weinerlinge. Ihre Paraderolle: Opfer. Die Tonspur ihres Daseins: flennen. Ihr herausragendes Talent: moralinsauer die Menschheit belehren. Ihr Geisteszustand: simpel. Ihr besonderes Kennzeichen: Humorlosigkeit. Ihr innerster Antrieb: Narzissmus. Aber ja, dafür braucht es ein überkandideltes Ego, das seine eher bescheidenen Ideen als Maß aller Rechtschaffenheit in die Welt trompetet.

Ich sage: »Heute bin ich schwarzgefahren«, und ein Chor notorisch Gekränkter verflucht mich als rassistischen Sack.

Von *Emma* wurde ich einst zum »Pascha des Monats« gewählt, weil ich in einem Interview erwähnt hatte, dass ich nicht alle Frauen begehrenswert finde. Das geht gar nicht, sofort zuckt der Muskel der bigotten Empörung: Alle vier Milliarden sind sexy! Gnade mir Gott, wenn ich im Umkehrschluss behaupten würde, alle Männer – natürlich ich auch – lösten hemmungsloses Begehren aus.

Man fragt nach der Herkunft eines Menschen, und als Antwort hört man, ob man nicht wisse, wie übergriffig die Frage sei. Kapiert: Neugier aus Interesse am anderen, aus dem so einfachen Wunsch, etwas lernen zu wollen? Nee, lieber Maul halten, lieber nicht fassen können, zu welchen Höchstleistungen Hysterie sich versteigen kann.

Für diese Menschenrasse hat uns die englische Sprache das Wort *snowflake* geschenkt: Schneeflöckchen als Oberbegriff für alle Milchzähne, die beim kleinsten Puster einknicken, ja, sich samt Windel, Babyfone und mit dem Schluchzer »Du hast mir wehgetan« in nichts auflösen.

Nachdem der römische Feldherr Julius Cäsar eine Provinz in der heutigen Türkei erobert hatte, schrieb er an einen Freund: »Veni, vidi, vici« – *ich kam, ich sah, ich siegte.* Heute muss es heißen: Veni, vidi, pipi, *ich kam, ich sah, ich machte Pipi.* Mehr geht nicht. Mehr Leidenschaft ist untersagt.

Damit es dabei bleibt, und keine Trantüte zu einer lebenstüchtigen Frau oder Mann mutiert, wurden nun weltweit *safe spaces* eingerichtet: Räume als Asyl für Wohlfühlflüchtlinge gedacht, in die sich alle geschundenen Seelen zurückziehen dürfen. Als liebstes Entertainment gilt »Infantilisierung«, mit strenger Hausordnung: Keine einzige schlimme Silbe darf geflüstert werden, keine einzige kontroverse Idee soll vorkommen, ja, nie und nimmer etwas Schweinisches zu hören sein. Somit begrüßen sie Strohdumme als »Andersintelligente« und die Mordsdicken, wie logisch, als »Andersdünne«. Höchster Wert wird darauf gelegt, dass die Realität nicht vorkommt. Die verderbliche Welt hat hier nichts verloren. Sich ihren Widersprüchen, Glanzlichtern und Niederträchtigkeiten aussetzen? *Quelle horreur!*

Safe spaces alias Kitas für fünfjährige Erwachsene. Hier lernen sie fleißig Hilflosigkeit, deren erhabenstes Ziel niemand aus den Augen verlieren darf: lebenslänglich Opfer sein wollen. Das sollte funktionieren, denn sobald sie die Tür nach draußen öffnen, bekommen sie einen Ganzkörperstahlhelm verpasst. So sind sie gefeit vor jedem Giftpfeil, behütet vor jedem Gefühl. Ihre Körpertemperatur – lauwarm – bleibt konstant. Versprochen.

Ach, was für eine Sehnsucht überkommt mich da nach starken Frauen und Männern. Die beides können: robust sein und empfindsam, widerständig und taktvoll. Sie sind das Salz der Erde.

New York

Es gibt Peinlichkeiten, ganz und gar allein verschuldet, die man sich nicht verzeiht. Sie folglich nie vergisst. Sie sitzen im Kopf wie eine Kugel, die man nicht entfernen kann. Man nimmt sie mit ins Grab.

Und es gibt Augenblicke der Scham, in die man verwickelt war, zufällig und ohne den Hauch von Schuld. Das lindert keineswegs den Schmerz. Diese Kugel sitzt ebenfalls, nicht weniger unbeweglich. Denn keiner der Zeugen fragt, wer der »eigentlich« Schuldige ist. Du warst dabei, du bist es, basta!

Ob es mir hinterher besser geht, wenn ich die Episode erzähle? Ich fürchte, nein. Und ob ich aus dem Debakel etwas gelernt habe, ja, klüger wurde? Eher ungewiss. Genau bedacht, wüsste ich auch nicht, was es da zu begreifen gäbe. Hat doch eine Art Schicksal zugeschlagen, und wen könnte man dafür zur Rechenschaft ziehen? Der Zufall ist unbelehrbar, er kümmert sich nicht um richtig oder falsch. Er schlägt zu, blind und taub. Klar, ich hätte vorbereitet sein können. Aber ich war es nicht.

Ein kleines Glück stand mir bei: Niemand im Wagon hat schnell genug sein Handy gezückt, um den aberwitzig linkischen Deutschen zu filmen. Die paar Sekunden bleiben der Nachwelt erspart. Ein Trost. Und alle werden sie vergessen. Ich nicht.

Zugegeben, selbst Krebskranke denken nicht rastlos an ihren bedrohten Körper. Auch in meinem Kopf hört das Feuer der Erinnerung für eine Weile auf, verschwindet. Doch plötzlich sticht es wieder im Hirn, und die Wunde ist offen wie am Tag eins. Ich wünschte, es gäbe eine Pille, um bestimmte Teile des Gedächtnisses zu löschen. Die Erfindung wäre ein Bestseller, denn jeder Mensch trägt dunkle Kapitel mit sich herum, die er loswerden will. Ein für alle Mal.

Während der Zeit, in der ich in New York lebte, fuhr ich mindestens zweimal am Tag mit der Subway. Vielleicht tausendmal, insgesamt. Und nicht das kleinste Malheur fand statt. Auch kein Gewaltakt, obwohl die Stadt damals alle vierundzwanzig Stunden sechs, sieben Leichen lieferte. Mordopfer, Totschlagopfer. Ich kam immer von A nach B, und nichts und niemand hinderte mich daran.

Jetzt die erste Fahrt nach vielen Jahren, und es knallt. Ich war wohl nicht mehr *streetwise,* nicht mehr New Yorker, der seine Reflexe im Griff hat und auf jede Überraschung gefasst ist. Ich war leichtsinnig geworden.

Dinge passieren, von denen man hinterher nicht fassen kann, dass sie tatsächlich geschahen. Und sie nicht glauben würde, wenn man nicht selbst anwesend gewesen wäre.

In der Subway von Chicago hatte ich einmal einen älteren Herrn beobachtet, einen Einbeinigen, der sich unter größter Mühe von seinem Platz erhob, um ihn einer Frau anzubieten. Er war der perfekte Gentleman, und wir sitzenden (zweibeinigen) Flegel schämten uns.

Ich beneide jeden, der souverän mit der Wirklichkeit umgeht.

Beim Frühstück hatte ich noch in der *New York Times* einen Bericht über Norman Mailer gelesen. Der Mann war längst tot, aber dank der Neuauflage eines seiner Bücher stand hier eine Kritik über den berühmten Schriftsteller. Ein Foto zeigte ihn im Jahr 1969, die Zeit, in der er sich – vergeblich – um das Bürgermeisteramt der Stadt bewarb. Er war auf ein Autodach gestiegen, die Menge umringte ihn, und Mailer riss siegesgewiss und mit geballten Fäusten die Arme nach oben.

Stunden später würde ich ebenfalls die Fäuste ballen. Nur nicht siegessicher, vielmehr in höchster Not.

Was den kommenden Vorfall umso peinlicher für mich aussehen ließ, war das Bild, das ich von mir hatte. Es ist wohl in meiner Kindheit entstanden, als ich über Jahre mitansehen musste, wie meine Mutter von meinem Vater erniedrigt wurde. Brüllend, beleidigend, handgreiflich. Ein paarmal hatte ich sogar den Mut, mich dazwischenzustellen. Mit dem Ergebnis, dass auch ich unter die Räder kam. Aber ich wollte nicht feig sein, ich wollte »Ritter« sein. Einer, der eine Frau beschützt. Einer – erst später wurde das aktuell –, der seine Instinkte beherrscht und nie erotische Zuwendung fordert, nur nimmt, was er geschenkt bekommt. Das gilt noch heute. Wie die Gewissheit, dass eine Frau, die weint, mich mehr anrührt als die Trauer eines Mannes. Vater konnte nicht weinen, seine Tränen waren im Krieg verloren gegangen.

Das nur am Rande. Doch der kurze Einschub gehört zu diesem 28. April, einem warmen Frühlingstag in Manhattan.

Was war? Banal fing es an. Ich kam aus Paris am John-F.-Kennedy-Flughafen an, fuhr mit dem Bus in die Stadt, checkte in der Nähe der Grand Central Station in mein Hotel ein und stieg an der 33rd Street in die Linie 4 Richtung Süden. Ich wollte zur Lower East Side. Früher Nachmittag, im Zug waren die Sitzplätze belegt, wenige standen, ich auch. In der linken Hand hielt ich ein Buch, mit der rechten umklammerte ich die Querstange über mir. Ich las eine schmale Gedichtsammlung von Robert Bly, der berühmt ist und den keiner in Amerika kennt. Er soll namentlich erwähnt werden, denn auf bizarre Weise ist er verantwortlich für das, was nun kommt. Und es kommt rasend schnell.

In dem Moment, in dem ich die Stange loslasse, um weiterzublättern, gibt es eine Vollbremsung. Das schrille Quietschen der Bremsen und mein Flug beginnen zur selben Zeit. Groteskerweise schießt mein Körper haarscharf an den Leuten vorbei, die im Gang stehen. Das Buch fliegt weg, ich reiße beide Arme nach vorne, kralle beide Hände zur Faust, um mich vor dem garantierten Aufprall zu schützen, fürchte, dass mein Kopf an eine der Längsstangen knallt, suche wie ein abstürzender Hubschrauberpilot nach einem Landeplatz, um mir und anderen böse Verletzungen zu ersparen, merke, dass die Fliehkraft viel zu rabiat ist, um in irgendeiner Weise auf mich, das New Yorker U-Bahn-Geschoss, einzuwirken, sehe, wie ich nach etwa sieben, acht Metern auf eine sitzende Frau zuschieße, will den Zusammenstoß auf Biegen und Brechen vermeiden, will ausweichen, will festhalten, will schreien, nichts von alldem gelingt, die Frau ist mein Opfer, mit der rechten Faust voraus lande ich zwischen (!) ihren Beinen, ihr Rock schiebt sich zurück, mein rechter Unterarm fährt entlang ihres Unterleibs, der Sturzflug ist zu Ende.

Kann man sich eine Situation vorstellen, für die man sich brutaler schämen muss? Und für die sich die Umstehenden brutaler fremdschämen? Zudem: Ich war der Einzige, der durch die Gegend flog. Alle anderen gingen cooler mit dem brachialen Stopp um.

Für den Bruchteil einer Sekunde befanden wir zwei uns in einer Position, wie sie zwischen Frau und Mann nicht viel intimer sein konnte. Aber wir waren Wildfremde, mitten in der Öffentlichkeit, sie das unschuldige Opfer, ich der unschuldige Täter.

Das war nur Monate vor *MeToo*. Wäre mir das peinsame Missgeschick später unterlaufen, sie hätten mich an den Haaren gepackt und per Fußtritt nach draußen befördert.

Entschuldigungen stammelnd stand ich auf. Die Knöchel meiner rechten Hand bluteten. Alle starrten in unsere Richtung, mir war, als ob auf meiner Stirn »German pig« leuchtete. Der Blick der Frau verhieß nichts Gutes, keinen Funken Verständnis. Sie verachtete mich. Doch wie hätte ich beweisen sollen, dass ich nicht mutwillig auf sie los bin, dass keine unsäglichen Hintergedanken mich zu ihr trieben, nichts, nur die Tatsache, dass ich zur falschen Zeit eine Seite von Robert Blys *Morning Poems* umblätterte und deshalb, vollkommen haltlos, wie ein Blitz vor ihr aufschlug.

Rückzug zum nächsten Ausgang und – viel zu früh – raus an der nächsten Station. Nur weg vom Ort der Demütigung. Immerhin, niemand rief die Polizei, niemand hielt mich fest. Ich war frei und tot. Mein Arm mit der blutenden Hand zitterte. Die Sonne schien.

Leichtigkeit

An jedem Ende des Jahres ziehe ich Bilanz, notiere die gelungenen Taten und die anderen, die auf den Holzweg führten. Und die unentschiedenen, die, für die noch kein Ergebnis vorliegt. Die Freude bringen oder Tränen. Wunderlicherweise gebe ich nie auf. Das hat etwas Rührendes.

Zuletzt, ganz unten, am Fuß der jährlichen Abrechnung, steht: »Désirs«. Das sind meine Vorsätze, meine Sehnsüchte für die kommenden zwölf Monate. Von den banalsten Dingen – Teppichboden legen und Dusche neu streichen lassen – über die eher anstrengenderen – das aktuelle Buch beenden und den verfluchten Rücken heilen – bis hin zur Mutter aller Sehnsüchte: Leichtigkeit.

Seit vielen Jahren schreibe ich das Wort als innigsten, als brennendsten Wunsch hin. Wie offensichtlich: Ich bin nicht begabt dafür, denn an jedem ersten Januar trage ich es von Neuem ein. Weil alle Versuche der Besserung fehlschlugen. Am 31. Dezember bin ich so schwer wie 365 Tage zuvor. Das Schwere gehört mir, es will mich nicht verlassen. Ist das genetisch? Ist es das Erbe einer kriegerischen Kindheit? Bin ich nicht hell genug, um leicht zu werden?

Das uralte Problem: wie handeln, um sich nicht zu verraten, nicht hasenfüßig einzuknicken? Doch andererseits den anderen nicht zu beleidigen? Sodass keiner das Gesicht verliert? Ich vermute, es gibt Zustände, die fordern einen Wutausbruch. Vielleicht scheint das nur bei Leuten wie mir so zu sein, denn ich wuchs in der Nähe eines Mannes auf, der die größeren Probleme mit seinen Fäusten löste. Ganz trocken schreibe ich das hin, jede Art von Selbstmitleid ist verdächtig.

Ich bin der, der von Leichtigkeit nichts weiß. Leicht im Kopf, leicht im Herzen. Ein Player sein, einer, der spielerisch auf das Leben zugeht. Einer, der Mensch und Welt um sich wahrnimmt – und nicht daran verzweifelt. Kein Gleichgültiger sein, nie, aber auch keiner, der jeder Zumutung schutzlos ausgeliefert ist. Der längst begriffen hat, dass das eigene Leiden nichts zum Heil der anderen beiträgt. Im Gegenteil, geteiltes Leid ist doppeltes Leid. Deshalb: Je heiterer ich bin, desto mehr Swing kommt in die Welt. Immerhin, ein winziger Beitrag zum Frieden auf Erden.

So ein *easy smile* hätte ich gern, dann wäre ich einer, der Bosheiten umgehend evakuiert. Der sie nicht schwären lässt, nichts Toxisches aufhebt. Der Anwürfe von außen mit einer souveränen Geste kontert, nicht den Groll hochkochen fühlt, nicht bleich wird und die Hände ballt. Nein, lieber einer, der *cool, calm and collected* daherkommt.

Bei einem Postbeamten in Peru konnte ich das – das Smarte, das Besonnene – beobachten. Er blieb gnadenlos freundlich – trotz penetranter Vorwürfe meinerseits. Oder bei einem indischen Autofahrer, dem ich brutal in Goa (Linksverkehr!) mit meiner Enfield die Vorfahrt nahm. Worauf er haarsträubend riskant auswich, um mir, dem Motorradfahrer, den Crash zu ersparen, ja, stehen blieb und sich besorgt um mich kümmerte. Oder bei jenem Amerikaner, dem im Zugabteil durch meine Ungeschicklichkeit – beim Holen einer Reisetasche von der Gepäckablage – ein (kleiner) Koffer auf den Kopf fiel. Uff, peinlicher geht es nicht. Aber der Gentleman demonstrierte letzte Contenance, er lächelte und meinte, sanft ironisch, das nächste Mal vielleicht eine Spur aufmerksamer (»maybe a bit more mindful?«) zu agieren. Ein heiliger Amerikaner, unheimlich.

Wie viel würde ich zahlen, um so einer zu sein. Heilig nicht, doch gesegnet mit dieser mondänen Fähigkeit, sich zu beherrschen, ja, den primitiven Reflex zu bändigen, der losschnauzen will – mit dickem Ego und dem unbedingten Vorsatz, nichts ungestraft zu lassen.

Das ist kein Plädoyer fürs Verdrängen, fürs Runterwürgen von Gefühlen. Wer das auf Dauer praktiziert, landet irgendwann mitten in einer Depression. Ab und zu muss man schreien, das entlüftet die Psyche, stärkt das Immunsystem. Aber bei den anderen 95 Prozent könnte man sich den Auftritt sparen. Weil er klein macht, zum Jämmerling, weil der Anlass in keinem Verhältnis zum Gebrüll steht. Weil man – ich spreche von den Einsichtigen – hinterher erkennt, dass man den Augenblick verpfuscht hat. Kein Swing, nirgends. Nur Krach und *hard feelings* – schon wieder zerfressen von nichts.

Doch wie erklimmt man solche Höhen? Ueshiba Morihei, der Begründer von Aikido, meinte einmal: »Wenn jemand voller Ärger auf dich zugeht, grüße ihn mit einem Lächeln. Das ist die höchste Kampfkunst.« Wie einfach, wie sagenhaft schwer. Und klingt doch so verführerisch – gerade für Zeitgenossen wie mich, die weder Macht noch Muskelberge besitzen noch mit einer Smith & Wesson am

Gürtel durch die Straßen gehen, ja, die – wie die meisten von uns – nichts haben als ihre Sprache. Und die dazugehörige Gestik.

Jeder weiß, dass ein Zorniger entschieden schneller abrüstet, wenn sein Gegner sich von ihm nicht anzünden lässt, sondern die Nerven behält, nicht kreischt, ja, eiskalt den Fehdehandschuh liegen lässt und – als erstes Friedensangebot – lächelt. Genau so habe ich es erfahren. Entweder als »Angreifer«, der angelächelt wurde und sogleich die Waffen streckte. Oder als Opfer eines Wüterichs, den ich, schier unglaublich, mit einem heiteren Grinsen entwaffnen konnte. Aber das sind die Ausnahmen, oft ziehe ich in den Krieg und schleiche als Wicht nach Hause.

Auch wahr: Charme hilft nicht überall. Manche können mit Frieden nichts anfangen, sie müssen ihre Psychospasmen grundsätzlich an anderen abarbeiten. Geräuschvoll, unerreichbar.

Hier ein Ratschlag. Er soll helfen beim Üben von Selbstbeherrschung. Er stammt von einem eher seriösen Guru, den ich einst in Indien traf. Die Anregung klingt vernünftig, kein esoterischer Humbug. Leider bin ich – neun- von zehnmal – außerstande, ihn anzuwenden: Mein Körper besiegt mich, von *mind over matter* keine Rede. Der Körper hat mehr Muskeln als mein Geist. Der ist ein Schwächling. Das muss aufhören.

Der Vorschlag geht so: den Bruchteil der Sekunde – bevor man platzt – nutzen und sich bewusst werden, was jetzt passieren könnte. Gleichzeitig ein ruhiger Atemzug. Wer es schafft, diesen einen entscheidenden Moment abzufangen, ist dem schon näher, was die Italiener *sprezzatura* nennen: der lässige Umgang mit dem Alltag, diese begehrenswerte Nonchalance, die das so Anstrengende so leicht, so unangestrengt erscheinen lässt. Und ohne einen Funken Gespreiztheit, ohne Affektion, es »passiert« einfach. Die *sprezzatura* gehört der Person, die sie ausstrahlt: Sie macht nichts, sie ist es.

Ich bewundere das. Wie alles, was ich beneide. Im Englischen sagen sie: »to show flair«. Das hört sich sexy an. Entschieden sexyer, als sich mit Zornesfalte und schriller Stimme der Öffentlichkeit zu präsentieren. Wichte, wohin man schaut.

In Australien traf ich einen Mann, der mir von einem Vorfall in einer Bar erzählte, wo er jemanden zum Krüppel geschlagen hatte. Weil er ihm unterstellt hatte, die zwei am Tresen liegen gelassenen Dollar gestohlen zu haben. In der Zeit, in der er auf der Toilette war. Der Beschuldigte stritt ab, und der Mensch, der jetzt umgerechnet 1,35 Euro weniger besaß, prügelte los. Bis der Verdächtige – bei dem die Polizei später keine zwei einzelnen Dollarmünzen fand – an eine Wand krachte und querschnittgelähmt liegen blieb.

Zugegeben, das ist ein extremes Beispiel von einem, der noch in völliger Dunkelheit tappt. Ob die sechs Jahre im Gefängnis gereicht haben, um das Bewusstsein zu heben? Keine Ahnung. Dass es noch dunkler wurde in seinem Kopf, auch das ist möglich.

Doch, es gibt noch eine zweite Option, um den Kreislauf von Röhren und Bereuen zu unterbrechen. Die Idee kam mir, als ich in New York auf der Fifth Avenue einen Bettler sah. Eine Straße, auf der gewöhnlich die weniger Armen Amerikas unterwegs sind. Kein Allerweltsbettler, sondern einer, der wie ein *sandwich man* auftrat. Die übliche Bedeutung des Worts meint jemanden, der – vor der Brust und hinten auf dem Rücken – je ein Plakat trägt, auf dem für etwas Werbung gemacht wird. Nicht hier. Terence hatte beidseitig akkurat und radikal seine Abstürze protokolliert, hier eine Auswahl: eine Leberzirrhose, zwei Scheidungen, mehrere Zwangsräumungen, drei Entlassungen, ein Verkehrsunfall mit steifem linken Bein als Andenken, einige Monate im Gefängnis wegen kleinerer Vergehen (»minor misdemeanours«) und allein im letzten Jahr Opfer von vier Überfällen, Räubereien zwischen Alleslosern.

Mag sein, dass Terence schwer dramatisiert hatte, doch nicht alles konnte erfunden sein, denn er sah ungefähr so aus wie der Mann, dessen Niederlagen er hier aufgelistet hatte. Und vielleicht war der Alte an manchem schuld, aber echtes Mitgefühl kümmert das nicht. Irgendwie wusste Terence das: Er hielt den Hut hin, und die nicht so Armen schenkten ihm ein Lächeln und ein paar Scheine. Nicht ohne vorher mit Bedacht seine Autobiografie zu lesen.

Ein Blick reichte, um zu sehen, wie es um den New Yorker stand: um sein Unglück voller falscher Entscheidungen und falscher Lieben zu begreifen, das ganze falsche Leben war unübersehbar. Bei den vielen anderen ist die Sicht auf die Seele versperrt, durch das Gesicht, durch die Masken, die sie tragen. Selbst körperliche Blessuren bleiben oft versteckt unter der Kleidung. Dennoch, jeder Mensch trägt Narben mit sich herum – innen wie außen. Und an meinen guten Tagen, an denen ich mit der Welt und mir einverstanden bin, stelle ich mir bei einer Person, die feindlich und grob auf mich zugeht, ihre (unsichtbaren) Verletzungen vor, den Frust, den sie schlucken musste, die Demütigungen und die noch immer schwelenden Wunden. Und entspanne.

Beizeiten hilft das, der Mürrische entschärft, und ich feiere einen kleinen Sieg. Selten genug.

Jetzt zwei Beispiele aus der konkreten Wirklichkeit. Ich fange mit dem GAU an, er stellt ein Paar Geisteskranke vor, einen afghanischen Taxifahrer und mich, den Fahrgast. Nein, nichts Exotisches, es passierte an einem warmen Sonnentag, mitten in einer deutschen Großstadt. Anschließend kommt der Bericht einer anderen Pestbeule. Da war ich kurzfristig erleuchtet. Beide Auftritte zeigen, wie grundverschieden man mit dem Leben umgehen kann.

Fall eins: Am Bahnhof bitte ich einen Taxifahrer, mich zur Adresse XY zu bringen. Es beginnt ruhig, wir beschweren uns über den stockenden Verkehr, und ich frage ihn, aus welchem Land er komme. In der Hoffnung, über seine Herkunft plaudern zu können, ja, ich vielleicht ein wenig davon weiß und so ein Gespräch entsteht.

Das war die entschieden falsche Frage, denn der etwa Fünfzigjährige legt nun los. Als hätte ich den Deckel von einem Hochofen gerissen, als Startzeichen für einen Wahnwitzigen, einen heiligen Krieger aus Afghanistan, der sich aus Versehen vom Schützengraben im Hindukusch in einen beigen Mercedes verirrt hatte: Was für eine Scheiße (sic) – alles in ziemlich gutem Deutsch – der Westen sei! Und was für eine Scheiße der Westen in sein Land gebracht habe! Die vielen vergewaltigten Frauen! Die vom verrotteten Westen in sein Land importierten, verrotteten Ideale! Die vielen ermordeten Kinder! Die ruinierte Wirtschaft! Der vom Westen erniedrigte Islam! Der unbedingte Wille, Afghanistan zu erobern und zu unterjochen!

Der Mann tobt, ich sehe seine zehn Fingerknöchel weiß werden, mit letztem Hass hält er das Steuerrad in Händen.

Nun trete ich auf: der zweite Irre, der tatsächlich von dem Irrglauben verblendet ist, einen (inzwischen schreienden) Amokläufer zur Räson bringen zu können. Ich umso fester daran glaube, da ich mehrmals vor Ort war. Ich unterbreche also – ebenfalls lauthals – sein Feuerspeien mit dem Hinweis, dass täglich Abertausende, auch Afghanen, versuchen, in den verrotteten Westen zu fliehen, dass seine Heimat in den Neunzigerjahren von einer Terrorherrschaft heimgesucht wurde, wo Apostaten vor großem Publikum im Kabuler Nationalstadion verstümmelt wurden oder man ihnen gleich den Kopf abschlug, wo Frauen wegen Ehebruchs (wenn es denn ein Ehebruch war) unter einem Steinhagel zu Tode kamen, wo Dieben öffentlich die Diebeshand abgehackt wurde, ja, dass seine Heimat ein Land war, in dem Mädchen keine Schule betreten durften, in dem man alle Freuden wie Musik, wie Singen und Tanzen mit barbarischer Strafe ahndete, in dem nur die pervertierte Rechtsprechung einer moralisch verwahrlosten Bande galt, der Taliban, einer Bande, von der ein Drittel nicht lesen und schreiben kann, ein Land, in das heute – nachdem die Taliban zurückkamen – der Schrecken aufs Neue einzog, wo –

Weiter komme ich nicht, der Afghane brüllt jetzt nach hinten: dass der Sieg der Taliban nur Glück bedeute, dass endlich wieder die Scharia gelte, dass jede Buße gerechtfertigt sei, dass Frauen auf der Straße nichts zu suchen hätten, dass westliche Frauen nur Nutten seien, dass Enthauptungen im großen Stadion gewiss in Zukunft wieder Frieden bringen würden, dass –

Nun brülle ich dazwischen, sehe mir zu, in was für ein gräuliches Spiel ich mich hineinziehen lasse, längst verstanden habe, dass sich eher die acht Planeten um die Erde drehen, als dass hier ein Irrsinniger seinen Irrsinn loslässt. Ich brülle auf den Brüllenden ein, dass er doch aus dem verwahrlosten Westen verschwinden und in sein gelobtes Land umziehen soll, merke, was für einen Stuss ich rede, denke plötzlich, dass ich mich besser zurückhalte, denn vielleicht zieht der rasende Zelot ein spitzes Messer aus dem Handschuhfach und sticht drauflos, brülle, bis ich zur Besinnung komme und ihn – »Sie dämlicher Arsch« – auffordere, rechts ranzufahren und zu halten. Der Mann sieht wohl das Mord-Gen in meinen Augen und stoppt, ich werfe einen Schein auf den Beifahrersitz, steige sofort aus, ohne auf das Wechselgeld zu warten, und schleudere die Tür zu. Nur weg.

Ich zittere und weiß, das ging daneben. Viel katastrophaler hätte man diese fünfzehn Minuten nicht inszenieren können. Aber es ist passiert. Von sozialer Kompetenz keine Rede. Ich beobachtete mich und sah einen, der rettungslos ausgeliefert war: seiner Rage, seiner Verachtung, dem totalen Kontrollverlust. Das Hirn war tot, unerreichbar von jedem Aufruf zur Mäßigung. Dennoch, und es entschuldigt in nichts mein Verhalten: In so einem Fall bin ich nicht bereit, mir die erlittenen Verletzungen des furiosen Taxifahrers vorzustellen, um ihn milder zu beurteilen. Da passt eher ein Satz von Jorge Semprún, der Buchenwald überlebte und später Kultusminister Spaniens wurde: »Man muss die SS nicht verstehen, es genügt, sie zu bekämpfen.«

Der Afghane war kein Schläfer, kein schlummernder Agent, nein, vielmehr eine wandelnde Höllenmaschine, die nur noch darauf wartet, höllisches Leid loszutreten.

Clever sein, das ist die Antwort. Hat man doch keinen Einfluss, keine Geldkisten, nur eine flinke Zunge, ein freches Mundwerk, das nicht schmäht, aber Widerstand leistet. Auf intelligente Weise, das schon. Das Problem: Ich bin nicht in jedem Augenblick intelligent, gerissen und schlagfertig.

Hier die zweite Szene. Sie zeigt, wie plastisch das Hirn ist, wie es die genau entgegengesetzte Richtung einschlagen kann, wenn Stress lauert. Und keine Hysterie ausbricht, dafür der Kopf via Coolness, Beiläufigkeit und Scharfsinn eine Herausforderung angeht. Dabei nicht eine Sekunde das Ziel aus den Augen verliert: eine Unverschämtheit beim Namen zu nennen und jemanden wissen zu lassen, dass eine rote Linie überschritten wurde.

Der Vorfall: Mit Freundin S. für einen Lufthansa-Flug nach Bukarest einchecken. Dass wir wie alle anderen eine geschlagene halbe Stunde im stehenden Transfer-Bus – heißer Sommertag – warten müssen, ist eher einer miserablen Organisation geschuldet als bösem Willen. Endlich im Airbus, hier wird es noch ungemütlicher. Ruppig informiert man uns darüber, dass unsere beiden Fensterplätze bereits vergeben sind. Man will uns auf zwei Mittelplätze abschieben. Ohne Erklärung, ohne Bitte. Wir gehen vor zur Businessclass, die nur schwach belegt ist. Barsch werden wir vertrieben, sogar der Kapitän greift lautstark ein.

Ich bin erstaunlich ruhig und lasse mich zu keinem aggressiven Ton hinreißen, denke nur, es wäre gewiss ein Leichtes, uns aus Kulanzgründen diese Alternative anzubieten. Dazu jedoch bedarf es eines Hauchs Großzügigkeit und lässiger Eleganz. Die fehlt gerade.

Okay, ich bin nicht Michael Kohlhaas und sehe, dass wir für den Augenblick verloren haben. Doch gleichzeitig blitzt es in meinem Kopf. Mir fällt etwas ein, um uns zu revanchieren. Was eine Woche Geduld erfordert. Wir nehmen die zugewiesenen Plätze ein und halten still. Ich überlege, ich notiere.

Bukarest hat viel zu bieten Der absolute Höhepunkt ist Nicolae Ceaușescus *Palast des Volkes,* den sich der gelernte Schuhmacher hatte errichten lassen. Der Rundgang lädt zu heiterem Gelächter ein. Über 3000 Zimmer sind es zuletzt geworden, für geschätzte 3,3 Milliarden Euro. Immerhin groß genug, um sein monströses Ego unterzubringen. Sozialistische Frankenstein-Architektur, importiert aus China und Nordkorea. Als »Conducator«, als *Führer,* spielte Nicolae sich vierundzwanzig Jahre lang auf, bis er als Dracula – so sein Spitzname – an einem kalten Dezembertag 1989 von einem Militärgericht zum Tode verurteilt und umstandslos samt Gattin Elena erschossen wurde.

Tag des Rückflugs, wir checken ein, wir sitzen beide am Fenster, alles bestens. Nach etwa einer halben Stunde übergebe ich einer Stewardess die schriftlich vorbereitete Nachricht mit der Bitte, sie an den Kapitän weiterzuleiten, der eine Woche zuvor von Frankfurt nach Bukarest flog. Ich deute auf das Kuvert, auf dem die genauen Daten stehen. Sie nickt freundlich.

Hier der Inhalt:

Betrifft:
Lufthansaflug 1420/Frankfurt–Bukarest
Datum: XY/Abflug 14.05 Uhr

Bericht einer Erbärmlichkeit
Zuerst der erfreuliche Teil: Vor ein paar Wochen flog ich mit Thai Airways. Im Flugzeug stellte sich heraus, dass mein Sitz bereits belegt war. Sogleich kam eine Stewardess und bat mich LÄCHELND um Entschuldigung, »sorry for the inconvenience«. Dann wurde mir LÄCHELND der Grund dafür mitgeteilt (ich brauchte nicht zu fragen): Eine Mutter wollte neben ihrem Kind sitzen. Kein Problem, umso mehr, als mir umgehend und LÄCHELND ein Platz in der Businessclass angeboten wurde. Für zehn lange Stunden. Plus drei feine Mahlzeiten.

Jetzt kommt der erbärmliche Teil: Jetzt befinden wir uns nicht bei der Thai Airways, sondern in einem Flugzeug der Lufthansa. Hier weht deutsche Gründlichkeit, der Jawohl-Ton, der bekanntlich vollkommen ohne Swing auskommt. Was passiert? Beinahe dieselbe Situation wie auf dem Weg nach Thailand, nur dass ich diesmal nicht allein unterwegs bin: Freundin S. und ich stehen vor unseren Sitzen, die aber schon besetzt sind. Ich muss im Gedränge nach jemandem suchen. Irgendwann finde ich eine Flugbegleiterin, höre nur den trockenen Hinweis, dass die zwei gebuchten Fensterplätze vergeben seien. Auf meine Frage, warum, gibt es a) keine Erklärung und b), klar, kein Lächeln. Das Flugzeug ist fast voll, wir gehen vor zur Businessclass, wo es noch reichlich Platz gibt. Wir sehen nicht ein, die Mittelplätze zu akzeptieren. Nicht in dem Ton. »Okay, dann setzen wir uns hier.«

Nicht bei der Lufthansa, wo an diesem Augusttag der raue Umgangston zu den Spielregeln gehörte. Die Stewardess eilt – genervt und verbissen – vor zum Cockpit, berichtet (ich verstehe jedes Wort) von unserem ungeheuerlichen Ansinnen. Worauf umgehend der Höhepunkt folgt. Durch die Cockpit-Tür hört man den Kapitän – vermutlich in stramm aufgeplusterter Kapitänspose – nach hinten bellen: »Wenn es denen nicht passt, dann sollen sie aussteigen!«

Ist das erbärmlich? Ziemlich.

Quel connard arrogant!
Quel manque de professionnalisme!
Quelle attitude ridicule!

Bukarest/Datum, Andreas Altmann

Sorry, aber auf das »arrogante Arschloch« wollte ich nicht verzichten. Ich dachte, wenn ich es auf Französisch hinschreibe, klingt es weniger vulgär. S. hatte abgeraten, doch ich war zu schwach, um es zu streichen: Hochmut ist eine Sünde, und der Hochmütige soll es wissen.

Bewusst hatte ich den Umschlag nicht zugeklebt, hoffte, dass die Crew – eine ganz andere als die vor einer Woche – den Brief lesen würde. Und so geschah es. Bald kommt wieder eine Stewardess, schwer lächelnd, versichert, dass man dafür sorgen werde, die Beschwerde an die zuständige Stelle weiterzuleiten. Sie fragt noch, ob wir nach der Landung nicht kurz mit dem Kapitän sprechen wollten? Wenn ja, dann sollten wir bitte warten, bis alle Passagiere ausgestiegen seien. Wir sagen mit Freuden zu.

Hoch lebe die Lufthansa! Nach Ankunft kommen wir nach vorne, und da stehen der Kapitän, der Purser und zwei bildhübsche Frauen, die Stewardessen. Und S. bekommt eine dicke Flasche Rotwein überreicht. Mit dem charmanten Hinweis, dass Fehler passieren und man sich bemühen werde, sie in Zukunft zu vermeiden. Alle lächeln, alle wundersam entspannt.

So wäre ich gern – jeden Tag. So einer, der andere zum Lächeln verführt.

Raub in Brasilien

Reisen zu zweit ist gefährlich. Davon soll die Geschichte erzählen. Von Tereza und mir. Von einem Ritt durchs Fegefeuer. Ich werde mich hüten, dieser intelligenten, attraktiven Frau alle Schuld zuzuschieben. Doch, die Hälfte gehört ihr, die andere mir. Aber die Frage nach Schuld ist hier belanglos. Was zählt, sind die Fakten. Die anstrengend waren. Und die ich – wie so oft – nicht bereue. Denn ich gehöre tatsächlich zu denjenigen, die aus Schaden klug werden. Okay, klüger.

Tereza flog aus Prag, ich aus Paris nach Rio de Janeiro. Drei Wochen lang wollten wir Brasilien besichtigen. Und Tereza dort einen Ex treffen. Ein Vorhaben, das mich nicht störte. Erst hinterher dachte ich, es gibt angenehmere Zeitgenossen als ihn, den Wichtigen und Maulhelden.

Ich komme einen Tag eher an und besuche einen Freund, der vor Jahren von Europa hierher umzog. In eine Villa. Der Mann ist clever, erfand einst ein paar TV-Formate, verdiente Kisten voller Geld und ist nun Luxus-Privatier. Was ihn nicht hindert, bisweilen einen seiner Geistesblitze umzusetzen. Sodass noch mehr Geldkisten herumstehen.

F. ist großzügig und wohltuend crazy. Und ein Vielleser. Das Einzige, was irritiert, ist seine Vorliebe für

Damen, die sich – auch ein Stockblinder würde es erkennen – gern um seine Konten kümmern. Zum ganz und gar eigenen Vergnügen. Meine Warnschüsse überhört er, die früheren, die jetzigen.

Wir plaudern, er berichtet von einem Überfall auf ihn. Diesmal bin ich es, der nicht hinhört. Würde ich es, hätte ich weniger schmerzhafte Erinnerungen an Brasilien.

Die angenehmen Brasilianer, sie geben lässig Auskunft, sie gehen sogar ein Stück des Wegs mit, damit der Fremde ja nicht die Richtung verfehlt. Und, unbezahlbar für einen Schreiber: Man sitzt in einer Kneipe, und sie beachten dich nicht. Niemand verletzt den Wunsch nach Alleinsein.

Tags darauf trifft meine Freundin ein. Mitten im warmen Sand der Copacabana bekomme ich das Begrüßungsgeschenk überreicht: ihre schlechte Laune. Viel später werde ich wissen, dass sie unter einer Hormonstörung leidet. Wäre ich eher darüber informiert worden, hätte ich es leichter ertragen, wohl wissend, dass gegen Gene antreten nicht hilft. Man verliert, garantiert.

Als Lektüre habe ich Shunryu Suzukis *Zen-Geist, Anfänger-Geist* mitgebracht. Ich bin leider kein Anfänger, keiner eben, der »offen«, der »neu« auf Situationen reagiert, sondern einer, der – beladen von Vergangenheit und Erfahrungen – in alte Muster verfällt, um Probleme zu lösen.

Bisweilen entsteht zwischen Mann und Frau eine Nähe, mit der beide überfordert sind. Denn beiden fehlt das »Werkzeug«, die emotionale Intelligenz, um die Wärme zu halten, den Flow, der sie durch den Tag trägt. So zuckt alle paar Stunden das Ego, der beleidigte

Narzissmus, der keine Leichtigkeit aufkommen lässt. Nur einen lauernden Missmut, ahnungslos und unfähig, aus den Sackgassen herauszufinden.

Als wir in unser Hotel fahren, lese ich im Bus eine Zeile, die dick an die Decke gemalt ist: »O Sangue de Jesus Christo nos puríﬁca de todo o pecado« – *oh, dass das Blut Jesu Christi uns von jeder Sünde reinige.* Erstaunlich, was sich Leute einfallen lassen, um ihre Sorgen loszuwerden. Suzuki ist da unnachgiebiger, er besteht darauf, dass nur einer uns retten kann: wir selbst. Das immerhin weiß ich. Aber Tereza und ich werden uns gegenseitig beweisen, dass wir das Retten nicht können. Wir machen es wie alle: Einer klagt den anderen an – rabiat toxisch.

Es heißt, dass inniger Sex als Kitt taugt, um eine Beziehung zu stabilisieren. Bei mir nicht. Herrscht keine Freude aneinander, dann funkelt es auch nicht im Bett. Nur Pflichtübungen, weit weg vom verliebten Umschlingen.

Vor dem Hotel gibt es einen Kiosk, ich entdecke die *Brasil-Post,* eine deutschsprachige Wochenzeitung. Das Cover zeigt ein Foto, auf dem – so die Bildunterschrift – die Bundeskanzlerin zu mehr Wachstum aufruft. Man fühlt sich in eine Irrenanstalt versetzt, in der morgens Direktorin Merkel vor die versammelten Insassen tritt und via Megafon »Mehr Wachstum« brüllt. Und die Irren begeistert losrennen, um – trotz Übergewicht, Bluthochdruck, Fettleber und Diabetes, trotz Dürre und Überflutungen, trotz Waldsterben, Gletschersterben und Weltsterben – schweißgebadet für Wachstum zu sorgen. Auf dass wir noch schneller und zielgenauer mitten in der Hölle landen.

Tereza und ich fahren nach Salvador de Bahia, im

Norden, glatte achtundzwanzig Stunden mit dem Bus. Dort lebt der Ex. Ich bin neugierig auf ihn. Tereza hat ihn bereits mehrmals schlechtgemacht, ob nun als Liebhaber oder als Freund. Dennoch will sie ihn treffen. Um uns gegeneinander auszuspielen?

Sorry, das wird kein Reisebericht, ich bin hier nicht als Reporter unterwegs, sondern als Tourist. Ich flaniere, schaue links und rechts, sehe die Hungerleider und die elegant Gekleideten, sehe die Schönheit und die Abgründe, bewundere und bin fassungslos, bin froh, hier zu sein, und froh, nicht hierbleiben zu müssen. Eines der erfreulicheren Dinge beim Reisen ist der Griff zum Pass. Und die Gewissheit, auf und davon zu dürfen.

Verabredung mit G., dem Ex, und seiner neuen Frau Patricia, einer hübschen Brasilianerin, die als Lehrerin arbeitet. G. hat hier eine Stelle als IT-Fachmann bekommen, hat einen guten Kopf, und sein Blick auf mich sagt eindeutig, dass Tereza mit dem falschen Mann unterwegs ist. Was durchaus stimmt.

Die beiden Ex gehen voraus, Patricia und ich hinterher. Ich kann kein Portugiesisch, aber ihr Spanisch ist passabel. Sie ist ein freundlicher Mensch, sie weiß Antworten auf meine vielen Fragen. Überraschenderweise erzählt sie, ungefragt, von ihrer Ehe mit G. Nicht lustig, er ist der notorische Rechthaber, zudem zieht er regelmäßig über Brasilien her, mahnt an, was alles hier – im Gegensatz zur glorreichen Heimat – nicht funktioniert.

Jetzt passiert etwas Bizarres, und ist doch so leicht zu durchschauen. Wir finden ein Wirtshaus mit Terrasse, setzen uns, und die Bierflaschen kommen. G. gibt den Ton an, den großspurigen. Er lässt uns wissen, »wie geil« es hier sei, wie »easy« das Leben, wie unkompliziert der

Umgang mit den Brasilianern. Er scheint die Anwesenheit seiner Frau vergessen zu haben, denn sonst würde er leisere Töne spucken. Aber die Botschaft ist sonnenklar, sie ist einzig an uns beide gerichtet, an Tereza und mich: Ich hab's gewagt und bin davon in die Neue Welt, während ihr Nachtwächter im alten, muffigen Europa hocken geblieben seid!

Natürlich widerspreche ich nicht. Er soll sich ungehindert bloßstellen. Das habe ich als Reporter gelernt: nicht ins Wort fallen, keinen Widerspruch äußern, im Gegenteil, ein Gefühl des Wohlwollens verbreiten. Man glaubt nicht, mit welcher Inbrunst sich Leute dann herzeigen.

Auf dem Weg zurück ins Hotel erfahre ich von Tereza, dass G. ausgiebig über mich gelästert hat. Er weiß nichts von mir, hat keine Zeile von mir gelesen, er weiß nur, dass ich sein Nachfolger bei der Frau bin, die ihn verlassen hat. Folglich muss ich eine Pfeife sein, denn nach einem Prachtexemplar wie ihm stehen nur noch Zwerge zur Verfügung. Ich bin keinesfalls verstimmt, ja, irgendetwas in mir beneidet Zeitgenossen, die so unkompliziert mit der Wirklichkeit zurechtkommen. Sie sparen sich Tonnen von Energie.

Der folgende Tag hätte nicht sein müssen, aber er kam. Ich habe ihn mitorganisiert, und so darf ich nicht klagen. Wie abgemacht kommen Tereza und ich um zehn Uhr zur Wohnung von G. und Patricia. Das Mobiliar wie in einem Iglu, kalt, die kahlen weißen Wände, die paar Bücher, keine Ecke, die zum Sitzen und Plaudern einlädt. Das sei modern, erfahre ich. Im Schlafzimmer steht der Fernseher, ich grinse heimlich. Der Hausherr verkündet stolz, dass er allein für die Einrichtung verantwortlich ist.

An einem solchen Ort kann man nur ein Unglück ausbrüten, und wir tun es. Auf zum Strand, rein ins Auto und los Richtung Stella Maris. Dort soll es am schönsten sein. Heute ist ein Feiertag, und die restlichen drei Millionen Einwohner von Salvador de Bahia denken dasselbe. So wälzt sich mehrspurig eine Blechlawine zur anderen Seite der Halbinsel. Am Schluss werden es neunzig Minuten für dreiundzwanzig Kilometer sein.

Patricia und ich sitzen hinten, vorne G. und Tereza, sie hecheln alte Bekanntschaften durch. Er sagt, dass sein Land, das, wo er geboren ist, eine Neidgesellschaft ist. Dass einer den anderen – besonders in seiner Berufssparte – für ein Arschloch hält. Das ist nicht unwitzig. G. erwähnt ununterbrochen Arschlöcher, die ununterbrochen andere für Arschlöcher halten. Das muss eine anstrengende Welt sein. Ich frage mich, welches Karma ich gerade abarbeite: brüllende Hitze, das kleine Auto, mitten in einem vierspurigen Stau, nah zwei Frauen, zu deren Glück ich wenig beizutragen vermag – und einem *Master of the Universe* zuhören, der mit Lust die Menschheit anschwärzt.

Irgendwann ankommen, runter zum Strand, wo die drei Millionen uns bereits erwarten. Da ich unter Klaustrophobie leide, ist das meine absolute Lieblingsgegend. Die drei setzen sich auf den letzten verfügbaren Quadratmeter, ich gehe lieber, die Füße im Wasser, ein paar Kilometer auf und ab. So kann ich es aushalten. Zudem ist es friedlich hier, niemand grölt, niemand streitet, die Leute amüsieren sich. Das Meer und seine sanften Wellen beruhigen.

Die Ruhe vor dem Desaster. Ich komme rechtzeitig

zurück, denn G. hat entschieden, dass er nun Hunger hat. Wir finden ein leeres Strandrestaurant (was sich bald als erster Fehler erweisen wird) und bestellen. Wir werden rasch und höflich bedient, wir essen, G. redet.

Nun passieren die drei entscheidenden Minuten: Ein ambulanter Händler mit Bauchladen begrüßt uns und fragt, ob wir etwas brauchen. Batterien, Haarnadeln, Sonnencreme, Zahnstocher, Nagelfeilen, was immer. Er streckt einen Artikel nach dem anderen in die Luft. (Hinterher wird klar, warum er das tut.) Ich mache den nächsten Fehler und kaufe – aus Mitgefühl, ach, armer Mensch – einen Filzschreiber. Der Mann steht hinter G. und Patricia, die uns gegenübersitzen. Auch das war clever vorbedacht, da nun die beiden ihn ebenfalls anblicken, so alle Augen auf ihn gerichtet sind. Jetzt der Knall: Ich will zahlen und greife nach unten, denn zwischen Terezas Stuhl und meinem hatte ich den kleinen Rucksack platziert. Mit dem Geld, unter anderem.

Ein Aufschrei, aufspringen, das Teil ist weg. Und sofort alles verstanden: Der Halunke hat uns abgelenkt, und ein zweiter Halunke griff zu. Deshalb sein Zeitschinden, deshalb das umständliche Kramen nach der Ware. Klar, als wir um uns blicken, ist der Mittäter längst verschwunden, sprich: der perfekte Diebstahl, wir haben nicht den Hauch eines Beweises. Gerissen war das Gesindel, kein Zweifel.

Ich hasse Brasilien, ich hasse G., ich hasse mich. Denn man lässt in der Fremde sein Hab und Gut nicht unbeaufsichtigt, erst recht nicht in einem Land, in dem es von Armseligen wimmelt. Ich hätte den Rucksack zwischen meine Beine stellen sollen, ihn anbinden an einem Knöchel. Was ich oft tat, diesmal nicht. Bequemlichkeit, die

Hitze, der Alkohol – der Ausreden sind genug. Sie alle gelten nicht.

Auf der Rückfahrt – wieder verstopft, wieder kriechen – ist über zwei Stunden Zeit, Bilanz zu ziehen: inklusive dickem Bargeld ein Schaden von etwa 950 Euro. Die einzig selige Nachricht: Mac, Kreditkarten und Papiere – versteckt – im Zimmer gelassen. Zum materiellen Verlust kommt der Zorn, die schwärende Einsicht, dass einer cleverer war, smarter. Das Ego blutet. Mit Badehose und Schuhen betrete ich das Hotel. Viel uncooler kann es kaum werden.

Tereza läuft zur Hochform auf, sie hat die Nerven, von mir ihre 35 Euro zu verlangen, die sich im Diebesgut befanden. Noch absurder, denn sie und ich waren für den Rucksack verantwortlich. So war es vereinbart. Wir brüllen uns an, und schon beim Brüllen erkenne ich, dass uns beiden nicht zu helfen ist. Die Freundschaft ist längst auf die schiefe Bahn geraten, und jeder Versuch, die Talfahrt zu stoppen, verspricht nur weitere Abstürze. Ein *bug* sitzt in unseren Köpfen, unreparierbar, er wird so lange unsere Wut befeuern, so lange wir nicht den Mut haben, uns zu trennen. Nein, noch immer keine Schuldzuweisung, nur der unbedingte Wunsch, das Minenfeld zu verlassen.

Kleines Nachwort. Das ist das Schöne am Leben eines Schreibers: Er kann nach dem Crash noch einmal zum Tatort zurückkehren und das Fiasko in Zeitlupe – er muss ja nachdenken – notieren. Um die Minen beim Namen zu nennen. Damit er es beim nächsten Mal, der nächsten Nähe, intelligenter anstellt. Das Aufschreiben von Niederlagen bereitet durchaus Vergnügen, sprich, das Sezieren der Leiche (der Beziehung), um herauszufinden, was zu ihrem Tod führte. Konkret: Die Trennung ist konsumiert, längst, und ich kam davon. Und kein Trauma hält mich wach. Nur die Klarheit, dass ich es heute – so übermütig soll es dastehen – gewitzter anstelle. Weil ich gleich zu Beginn eiskalt hinschaue. Und sobald es aus irgendeiner Ecke toxisch riecht, renne ich weg. Wohl wissend, dass ich niemanden zu heilen imstande bin. Und niemandem mehr erlaube – bis zum letzten Stündlein –, seine Misslaunen und Kaprizen vor mir aufzuführen.

Schlaflosigkeit

Eine Million Stunden Schlaf fehlen mir. Das ist übertrieben, doch nur wenig. Nichts hilft, um meinen todmüden Körper zur Ruhe zu überreden, ich habe alles befolgt: stilles dunkles Zimmer, wohl durchlüftet, nicht über 18 Grad, kein Kaffee, kein Tee zu später Stunde, keinen Boxkampf anzetteln, kein Kokain mehr in die Nase ziehen, keinen Horrorfilm herunterladen, gewiss mit niemandem um Mitternacht streiten, besser kurz vorher warm duschen, das Handy (hätte ich eins) in der Küche lassen, eine Schlafbrille bereitlegen, die Melatonintablette rechtzeitig einnehmen, autogenes Training, keine Pflanzen und Tiere in der Nähe, nichts Schweres essen, kühle Farben für Wände und Möbel, die wahre Schlafstellung trainieren, unbedingt den Kopf auf ein ergonomisches Kissen legen, wenn möglich Liebe machen. Nackt schlafen, auch allein. Und grundsätzlich: jede weiche Matratze verbrennen und unbelehrbar auf einem harten Teil bestehen.

Just bullshit. Alles brav erledigt und dennoch – an der Schlaflosigkeit war nicht zu rütteln. Sie ist taub gegen jeden Ratschlag.

Laut Alarmisten sollte ich so gut wie tot sein. Dank des mangelnden Schlafs. Oder von Herzinfarkten verfolgt. Zudem heimgesucht von bösen Depressionen.

Erstaunlicherweise bin ich noch da, mit einem Herzmuskel, der bisher vieles weggesteckt hat. Ja, ich dämmere eher selten durch lebensmüde Stunden. Freilich, bisweilen wanke ich tranig in den Morgen. Dann nehme ich ein Tilidin – 50 mg/4 mg. An ganz tranigen Tagen müssen 100 mg/8 mg her. Das runde kleine Ding wirkt euphorisierend, vertreibt das Träge.

Bei anderen Defätisten las ich, dass ich aufgrund des ausdauernden Konsums der Wunderpille schon vor Jahren im Koma gelandet sein müsste. Auch das steht noch aus. Möglicherweise liegt es daran, dass ich Tabletten mag. Und sie mich. Ohne sie wäre ich längst verschwunden.

Wo ich am besten schlafen kann? Nirgends. Mein teuerstes Hotelzimmer – vom Arbeitgeber bezahlt – kostete 3800 Dollar. In Chicago. Das billigste 100 Birr, in Äthiopien, umgerechnet knapp zwei Euro. Von Tiefschlaf keine Rede, nicht in Amerika, nicht in Afrika. Zugegeben, das Aufstehen fiel in der Suite leichter, weil ein sprudelnder Jacuzzi auf mich wartete, während neben der Strohmatte nur eine Wasserflasche stand, gerade groß genug, um Gesicht und Hände zu benetzen.

Ich rechne nach und siehe da: In über 3000 verschiedenen Betten verbrachte ich eine Nacht. (Reporter gehen eben jeden Tag woanders zur Arbeit.) In Betten, leider. Denn seitdem ich in einem Zenkloster gelebt habe, hasse ich sie und liebe Futons: mit Kapok gefüllte Matratzen, die unschlagbar ästhetisch daliegen, nie knarzen und nie den Body mit Sprungfedern drangsalieren.

Frühabends meditiere ich, um Ruhe zu finden. Die ich natürlich nicht finde, auch nachts nicht, selbst dann nicht, wenn abends die perfekte Lagerstatt auf mich wartet. Mein vegetatives Nervensystem will nicht dämmern, es will wachen.

Gelassen sein ist eine Begabung. Sie fehlt, und ich weiß nicht, wie man an sie herankommt. Das muss ein Gen sein, das man beim Zeugungsakt von seinen Eltern geschenkt bekommt. Eine Göttergabe, unbezahlbar.

Jetzt soll die volle Wahrheit raus: Einmal hielt ich sechs Stunden durch. Im Tiefschlaf. Das war in einer verranzten Bude, in einem Hostel in Perth. Im äußersten Westen Australiens. Vor der Tür grölten die Saufbrüder, und ich schlief. Angezogen – weil ich dem Leintuch nicht traute. Ich kann bis heute nicht sagen, wie es zu diesem kleinen Wunder kam.

Der Körper ist eine magische Maschine, die einsame und geheimnisvolle Entscheidungen trifft. Ganz ohne uns. Ein Rätsel, unerreichbar.

Dennoch, käme eines Tages eine Fee des Wegs und fragte, ob ich meine Schlaflosigkeit eintauschen wollte gegen die vielen Stunden Leben, die ich ihr verdanke, ich antwortete ihr bestimmt und leise: »Lieber nicht.«

Und wenn ein Mann einen Mann liebt ...

»Der Schwule lässt die Arbeit ruh'n und freut sich auf den afternoon.« Den Spruch hörte ich vor Jahren von einem Kumpel. Von einem Superschwulen aus Berlin, der schon immer in Paris lebte. Patrick war das Bild von einem Mann, gebaut wie ein Ledernacken, dazu zwei Quadratmeter Tattoos auf dem Prachtkörper. Mit dem ging er fast täglich in eine der einschlägigen Saunas und Darkrooms. Und suchte nach anderen Prachtkerlen.

Wir mochten uns. Vor Zeiten hatte er ein paar Versuche unternommen, mich auf die Endlosliste seiner nachmittäglichen Quickies zu setzen. Bis er mich als »hoffnungslosen Fall« aufgab. Da stockhetero. Dennoch blieben wir befreundet. Ich vermute, dass ihm meine Neugier gefiel – und die völlige Abwesenheit von moralischer Rechthaberei.

Im Gegenteil, Homos faszinieren mich. Sie sind anders, radikaler, ihr Zugang zu Sex scheint so unbelastet von der Erbsünde Heuchelei. Sie verspießern langsamer, sie gelten – Untersuchungen bestätigen das – als erfolgreicher, kreativer, ja, kultivierter als wir, der große Rest. Denn wie alle, die sich jahrhundertelang verstecken mussten, sprich, verachtet und verfolgt wurden, strengen sich die Rosafarbenen doppelt an: um es denen zu zeigen, die – links die Keule und rechts die Moralkeule – nach ihnen ausholen. Und ausholen.

Patrick spielt gern den Aufklärer. Einmal drängte er mich in eine Klappe in der Nähe des Gare du Nord. Voll kindlichem Stolz zeigte er auf ein *glory hole*, von ihm heimlich und behände gebohrt: ein »Ruhmesloch«, in das man seinen Zebedäus stecken konnte, damit sich ein anderer – hinter der Trennwand – zungenflink um das Geschenk bemühte. Oder gleich den Hintern hinstreckte, auf dass sie gemeinsam und beidseitig beschenkt der Erlösung entgegenvibrierten.

Wie lobenswert: *Gay people* (»lustige, fröhliche Leute«!) lassen sich immer etwas einfallen, um der erotischen Tristesse zu entkommen, jener bürgerlichen Volkskrankheit, die irgendwann – laut Balzac – im Ehebett zu Grabe getragen wird. Still und schleichend.

Das aktuell Letzte, das ich von Patrick gelernt habe, ist die Abkürzung »t6«. Für Telefonsex. Seit es Skype und das Internet gebe, kicherte er, seien den Schweinigeleien keine Grenzen mehr gesetzt.

Natürlich habe ich keinen einzigen Homo auf dieser Welt verstanden. Weil sie das Schönste auf Erden, das Schönste unter der Sonne, eiskalt links liegen lassen: die Frau, ihr Gesicht, die Haut, die Beine, den Busen, den Hintern. Himmel, was an uns Männern soll da mithalten? Sind die Jungs – was das Wunder Frau betrifft – blind? Jeder Schwule erfüllt mich noch immer mit maßlosem Staunen. Wobei ich als *straight man,* als »gerader Mann« – wie fad das klingt – gleichzeitig Dankbarkeit empfinde: Schwule sind keine Feinde, keine Konkurrenten, keiner von ihnen käme je auf die Idee, mir eine schöne Kluge abspenstig zu machen. Schon deshalb ist ihre Nähe willkommen. Wie widersinnig also, gegen sie in den Krieg zu ziehen.

Mit zwanzig kam es zu einer ersten leibhaftigen Begegnung. Zuvor hatte ich nur von ihnen gehört, gelesen. Sicher gab es während meiner Gymnasialzeit homoerotisch veranlagte Kameraden, die jedoch nie, absolut nie, ihre sexuelle Orientierung zeigten. Das war in damaligen Zeiten undenkbar, gesellschaftliche Ächtung und Häme hätten nicht auf sich warten lassen.

Ich war nach Torquay im Süden Englands getrampt. Eines Morgens ging ich an der Uferpromenade entlang, als mir plötzlich ein Mann hinter einem Strandkorb zurief: »Look at me, look at me!« – und gleichzeitig masturbierte. Überrascht schaute ich hin, bis zum eindeutigen Ende. Ich war keineswegs entsetzt, nur verwundert über die Radikalität, mit der der Fremde seine Geilheit befriedigte. Und sich anschließend grinsend abdrehte und verschwand. Ich war sogar ein wenig stolz, dass er sich mich als Lustobjekt ausgesucht hatte. Die Szene war weder erregend noch traumatisierend für mich. Sicher nicht, denn ich hatte etwas über die Welt gelernt. Und das zählte.

Anders sieben Jahre zuvor, als ich meinen Bruder Manfred überredete, uns gemeinsam ins Bett zu legen: um uns zu »untersuchen«. So nannte ich es. Nichts als Neugier auf den Schwanz des Älteren trieb mich an. Mich, den Jüngeren. Wir waren keinen Hauch schwul, aber wir wollten es wissen. Es endete als Desaster, körperlich wie emotional. Der Sechzehnjährige hatte bereits einen Männerphallus, der dick und hart wurde, als ich ihn anfasste. Und ich noch immer einen Kinderpimmel.

Doch die viel größere Katastrophe kam tags darauf.

Wir redeten nicht mehr miteinander, waren randvoll mit Scham, glaubten uns moralisch verwahrlost, besessen von dem Gedanken, uns gegen Gott und die Kirche versündigt zu haben. Wir waren »Perverse«, »Kranke«, deren Laster nur in der Hölle enden konnten. Der ganze elende Irrsinn damaliger Erziehung stürzte auf uns ein.

Damals war ich noch nicht imstande, das Erlebte als positiv zu begreifen, als Teil der vollkommen gesunden Entwicklung eines Jungen. Zu lange hatte ich die Giftsuppen geschlürft, die uns im Religionsunterricht serviert wurden. Die giftigste: der Hass auf Lust, der Hass auf Sex.

Während meiner Zeit als Schauspieler am Residenztheater in München, ich war jetzt fünfundzwanzig, gab es zum einschlägigen Thema viel zu erfahren. Denn alle (männlichen) Garderobieren und Maskenbildner waren schwul. Und alle mochten mich. Weil ich alle hemmungslos ausfragte und stets ohne den Unterton des pikierten Spießers: Welche Praktiken bevorzugten sie? Wie und wo knüpften sie Kontakte? Gab es feste Beziehungen? Gab es Eifersucht bei den Paaren? Wie war ihr Verhältnis zu Frauen? Waren sie immer schon homo oder zuerst »normal« (der gängige Ausdruck damals), suchten sie erst später die Nähe von Männern? Lebten sie »in or out of the closet«, sprich, zeigten sie sich offen als Männerfreunde oder blieben lieber diskret? Empfanden sie sich als »schuldig« und fürchteten sie die bigotte Mehrheit, die sie verurteilte?

Es gab hundert Fragen und Hunderte Antworten. Am Ende war ich – zumindest theoretisch – besser informiert als mancher Schwule. Zweifellos, eine Garderobe war der passende Raum für solche Gespräche. Denn im

Theater war die Situation für sie entspannt, hier ging Geist um, hier wussten sie sich in Sicherheit. Wie die schwulen Schauspieler im Ensemble.

Aber irgendwann reichte mir das nicht mehr. Es kamen dann doch homophile Fantasien auf, eben der Wunsch, ein »Bi« zu werden. (Die Sehnsucht nach Frauen blieb ungebrochen.) Auch aus praktischen Überlegungen: Denn die Zahl erotischer Begegnungen würde sich erhöhen, zudem vereinfachen, weil Männer sich unkomplizierter auf Sex einlassen. So entschied ich auf einer Reise durch Südamerika, mit einem Mann zu schlafen – in Lima, der Hauptstadt Perus. Ich wollte Frau sein, wollte »genommen werden«.

Kurz sei das Debakel – da an anderer Stelle schon darüber berichtet – hier nochmals notiert: Ich hielt durch bis zum erlösenden Finale – für Fernando, den Liebhaber. Während ich vor Schmerzen ins Kopfkissen biss und mich fragte, welcher Teufel mich geritten hatte, um mir das anzutun. Und die Antwort stets dieselbe war: Ich muss es wissen. Und das funktioniert nur, wenn ich nah herankomme. Außerdem profitierte ich, trotz tagelanger Beschwerden, von dieser Nacht. Denn bereits beim Abschied wusste ich, dass mich alle Lüsternheit auf einen Männerkörper verlassen hatte. Für immer. Da nichts im Vergleich zu den Formen einer Frau. Aber ja, die Fantasie war notwendig, musste gelebt werden. Um zu erkennen, dass sie eine Schimäre war, fern und unbrauchbar für mein Leben.

Dann kamen die Zeiten, in denen man sich zu acht, zu zehnt, zu zwölft in der Wohnung eines befreundeten Paares traf. Und die Freunde ihre Freundinnen und die Ehefrauen ihre Ehemänner herliehen. Bei solchen Partys war ich durchaus damit einverstanden, dass sich ein bi-veranlagter Mann an mir vergnügte – klar, ohne Penetration.

Ich reiste durch die Staaten. Das Land hatte inzwischen ein kolossales Problem: Aids. Viele berühmte und viele unbekannte Homosexuelle waren bereits gestorben. Oder siechten hoffnungslos ihrem Ende entgegen. Es hatte also sein (medizinisch) Gutes, dass ich in Lima nicht schwul geworden bin. Am Straßenrand in San Francisco standen die Todgeweihten und bettelten. Oder hatten einen Werkzeugkasten dabei, um ihre Handwerkerdienste anzubieten. Da ein Drittel der Amerikaner keine solide Krankenversicherung besitzt, war das die einzige Möglichkeit, um an Geld heranzukommen. Hinzu kam das gesellschaftliche Klima, Millionen fühlten nichts als Abscheu für die Kranken, für die *bum fuckers*. Der damalige Präsident Reagan ließ durchblicken, dass es sich wohl um eine Strafe Gottes handelte. Ich habe mich sogleich gefragt, für was er bestraft worden war, als ein paar Jahre zuvor ein geistig Verwirrter ihn und andere durch ein Attentat schwer verletzt hatte. Und welche Sünden – die Frage kam nach seinem Rückzug aus der Politik – er mit Alzheimer abbüßen musste, eine Krankheit, die ihn zuletzt zum Fünfjährigen degradierte, unfähig, die einfachsten Tätigkeiten auszuführen.

In Castro, dem Schwulenviertel von San Francisco, wurde viel unternommen, um die – nicht vom Aberglauben vernagelte – Bevölkerung aufzuklären, um die *gay community* über Schutzmaßnahmen zu informieren und um Spenden für die Forschung zu organisieren. Es gab auch ein Zelt, in dem ein Schwerstinfizierter stand, angelehnt an eine Mauer, um sich zu stützen. Jeder, der sich traute und symbolisch einen Dollar zahlte, durfte ihn umarmen. Die Aktion sollte zeigen, dass man die betroffenen Menschen nicht sozial ächten und gettoisieren soll, ja, dass ein *hug of love* für einen Gesunden nicht gefährlich ist, keine Konsequenzen hat. Und ich ging hinein und legte meine Arme um Joshua, den überall gräuliche, absolut gräuliche Tumorflecken bedeckten, die elenden Kaposí-Sarkome. Und ich nur ein Skelett fühlte – die Knochen eines Mannes, der wenige Tage darauf sterben würde.

Dankbarkeit überkam mich, denn oft wollten die Frauen, die ein Bett und eine Nacht mit mir teilten, von einem Kondom nichts hören. Ich auch nicht. Selbst in Lima griff keiner von uns beiden nach dem schützenden Plastik – wohl wissend, dass Fernando ein Stricher war. Dass ich am folgenden Morgen auf der Titelseite einer englischsprachigen Zeitung »Gay cancer now arrived in Peru« las, verschaffte mir einen Schrecken, der erst aufhörte, als ich mich Monate später testen ließ. Fuck, Glück muss der Mensch haben.

Zurück in Paris gab es jedoch eine wunderbar erfrischende Meldung: *Act Up,* die aggressive, fantasiereiche NGO, die sich in Frankreich – wie weltweit anderswo – für die Belange der Schwulen einsetzt, hatte eine Messe in der Kathedrale Notre-Dame gestürmt und körbeweise »Gefühlsechte« auf das frömmelnde Volk geworfen. Als Antwort auf die Hetzreden der katholischen Kirche gegen Homos und ihre abstruse Weigerung, Präservative als Schutz gegen die damals noch tödliche Infektion anzuerkennen.

Inzwischen ist der hiesige Klerus kleinlauter geworden, nachdem ein Kindesmissbrauch-Skandal den anderen jagte. Und jagt. Sexualverbrecher, die sich als moralische Anstalt aufspielen – nur zu.

Auf einer zweiten Reise durch Südamerika, diesmal vor allem durch Kolumbien, komme ich in Medellín, einst Drogenwelthauptstadt, an einem Hotel mit dem hübschen Namen *Gloria de su media naranja* – Ruhm der besseren Hälfte – vorbei. Ich stehe fünf Sekunden, und schon bin ich von großbrüstigen Frauen umgeben. Sie lächeln vielsagend, nun sehe ich genauer: Männer, die sich einen Frauenleib konfektionieren ließen. Schöne Ex-Männer, schöne Huren. Umstandslos führen sie meine Hände an ihre Silikonbusen und zwischen die Beine. Okay, bisher nur halbe Frauen, denn das Übrige ist noch eindeutig männlich. Sie schaffen an, sagen sie, um auf die »operación grande« zu sparen. Die sie endgültig vom Fluch des Mannseins befreien soll.

Mit Joana, wohl der neue Name, gehe ich aufs Zimmer, oben im dritten Stock. Sie hat Charme. Rein in eine saubere Bude, einfach möbliert, rote Wände, ein stabiles Bett, und über dem Fernsehschirm flimmert ein Pornofilm. Wir haben klare Vereinbarungen getroffen, 40 000 Pesos, etwa 30 Euro, »para todo«. Außer »el último«, das nicht infrage kommt.

Joana geht freundlich mit meinem Körper um. Das wird eine seltsame Begebenheit. Erregung und Höhepunkt passieren nur durch das, was die Achtundzwanzigjährige tut, nicht durch den Blick auf ihre Haut. Wie auch, ist doch an meiner Heterosexualität nicht mehr zu rütteln. Zudem, ich bin nicht mitgegangen, um mich zu befriedigen – das wäre nur Nebenprodukt, nein, ich wollte wissen, wie ein »Zwitter« nackt aussieht, wie er sich benimmt, was er denkt.

Joana denkt sich als Frau, nur Frau. Irgendwie logisch, da sie gewaltige Zumutungen auf sich nahm und nimmt, um dieses Ziel zu erreichen: die Hormonbehandlung, die Operationen, das Geld, das nie reicht. Von den gesellschaftlichen Anwürfen in einem Macholand wie Kolumbien nicht zu reden. Nein, sie will kein Mann sein, nie, nimmer.

Drollige Widersprüche finden in unserem Zimmer statt, denn die Bewegungen Joanas, ihre Sprache, die Melodie erinnern eher an einen Homosexuellen. Schon feminin, aber eine Spur maniert. Was mich grundsätzlich und immer amüsiert.

Wir plaudern. Wenn Joana »completa« ist, dann will sie mit der Nutterei aufhören und in einem Cabaret arbeiten. Singen, tanzen, von ihrem Werdegang erzählen. Sie steht auf – splitternackt mit Busen und Penis – und imitiert einen Poledance. Sie ist begabt, windet sich wie eine Schlange, verfügt nebenbei über ein eloquentes Mundwerk, das nicht aufhört, mir zu erklären, was sie tut und ihr gerade durch den Kopf geht. Ich bin ihr begeistertes Publikum.

Joana macht einen starken Eindruck, sie könnte es schaffen. Ich sage das, weil ich vor Jahren über St. Pauli berichtete, über ehemalige Männer, die bereits als »vollständige Frauen« unterwegs waren und die zu Beginn ganz andere Träume hegten, als auf ranzigen Bühnen zu landen, auf denen sie »Sex on Stage« vorführten. Unter dem Gegröle aus dem Saal.

Noch eine Episode. Sie ist ungemein heiter: Einst trieb ich mich – für eine Reportage – eine knappe Woche lang im Central Park herum. Nachts, in einer Zeit, in der New York pro vierundzwanzig Stunden zwischen sechs und

sieben Leichen lieferte. Erwürgte, Erschossene, Ersto-
chene, Erschlagene. Vorsicht war geboten, der weltberühmte Ort war Schauplatz manch grausiger Untat.

Eines Abends, schon nach Mitternacht, kam ich am
The Ramble vorbei. In anständigen Reiseführern steht,
dass ein *rambler*, ein Wanderfreund, hier begeistert die
verschiedensten Vogelarten beobachten kann. Mag sein,
aber bei anbrechender Dunkelheit wandelt sich das
Naturschutzgebiet zum landesweit größten Kontakthof
für Schwule. Bestens geeignet, da verschlungen, hügelig,
buschig und undurchschaubar. Wer nah rankommt, hört
inniges Seufzen und Keuchen, sieht Schatten, die sich
für einen Baum oder eine Bank fürs Liebesspiel entschieden haben. Ich bin durchaus willkommen, einer
flüstert mit Verve in mein rechtes Ohr: »I've got ten
inches, you know, the more inches the deeper the fun.«
23 Zentimeter (!), ich verneige mich in Bewunderung
und ziehe weiter. Will nur schauen, nicht rammeln.

Um 1.15 Uhr kommt ein Streifenwagen der Polizei
vorbei, leuchtet mit einem Suchscheinwerfer ins Gebüsch, und der Beifahrer bellt durchs Megafon: »It's one
o'clock, leave the area.« New York City hat ein sogenann-
tes Ein-Uhr-Ausgangssperregesetz für Parks. Hier im
Ramble dient es vor allem dazu, die falschen Schwulen
zu vertreiben, das wären die bösartigen Schlitzohren, die
der liebeshungrigen Kundschaft eine schnelle Nummer
versprechen, nichts halten, dafür zuschlagen und die
Brieftasche fleddern.

Kurz darauf passiert das Aberwitzige. Am Bethesda
Fountain sehe ich jemanden sich eine Zigarette anzün-
den. Das Streichholz flammt hell auf in der dunklen
Umgebung. Ich nähere mich, will um Feuer bitten. Doch

234

der Schwarze, eher abgerissen, rennt davon, rennt die Treppe des Brunnens hinauf, ich eile hinterher, rufe ihm nach, versuche, ihn zu beruhigen. Vergebens.

Es wird noch absurder. Wir hetzen zurück Richtung *Ramble,* wo sich noch immer der Polizeiwagen befindet. Außer Atem stürzt der Verschreckte auf die Polizisten zu, zeigt wild gestikulierend auf mich – vielleicht noch zwanzig Meter entfernt – und schreit in Panik den hinreißenden Satz: »Help me, please, help me, this homeless faggot is chasing me.«

Dass ich mich hier als »obdachlose Schwuchtel« herumtreibe, die jemandem nachjagt, klingt urkomisch. Die beiden Beamten sehen das anders. Mit der Souveränität von Männern, die rund um den Speckgürtel zweihundert Schuss Munition tragen, bitten sie zum Verhör. So – absurdes Theater in Echtzeit – erkläre ich, dass ich das alles nicht bin, auch niemanden verfolge, nur ein verdammtes Zigarillo rauchen wollte und deshalb »this distinguished gentleman« – ganz ohne Ironie bringe ich das Affentheater nicht hinter mich – um einen Gefallen bat.

Meine Rede leuchtet ein, irgendwie mache ich momentan den intelligenteren Eindruck von uns zweien. Unwirsch schicken die Bullen mich weg: »Leave the park now!« Ich ziehe mich zurück, nach fünfzig Metern verschwinde ich im Gebüsch und warte, bis die beiden Dicken mit ihrem Wagen außer Sichtweite sind.

Ich habe – ein Resümee sei erlaubt – gewiss ein paar Erfahrungen mit homosexuellen Männern gemacht. Körperliche wie geistige – und seelische. So nehme ich mir folglich das Recht, ein Wort für sie einzulegen. Klar war ich geschockt, als sie lautstark danach drängten, heiraten zu dürfen. Das schien mir das Gegenteil von

Bürgerschrecken. Sie wollten jetzt in den Mainstream, wollten im Strom schwimmen, in dem die meisten schon treiben, dahintreiben. Würden sie es sich noch einmal überlegen, wenn sie wüssten, dass in der spanischen Sprache die Vokabel »esposar« zwei Bedeutungen hat: heiraten und Handschellen anlegen?

Nun trage ich – wie wir alle – tausend Seelen in meiner Brust, und eine sagt: »Das ist cool.« Denn mit der Forderung nach dem Ehestand – sie ist die gesetzliche Vorbedingung – kam die nächste: der Wunsch, Kinder zu adoptieren. Nun gingen die Biedermeierinnen und Biedermeier, die notorisch Homophoben, wieder auf die Barrikaden. Mussten sie bereits schwer daran kauen, dass die »Hinterlader« das »Sakrament der Ehe« besudeln, so sei nun der Beelzebub vor, dass je ein deutsches Kind in die todsündigen Finger der »Invertierten« gerate.

Die Christlichkeit schäumte. Wenn schon in der Bibel, dem »Wort Gottes«, mehrmalige Aufrufe stehen, Homosexuelle totzuschlagen, so kann es nimmer herrgöttlicher Wille sein, dass »Sodomiten« jetzt genau so leben und lieben dürfen wie die Gottesfürchtigen.

Doch! Ehe und Adoption für jene, die es sich wünschen. Damit unter uns Sterblichen die Menschengesetze gelten, die Menschenrechte. Und nicht der (angeblich) im Himmel geschmiedete Hokuspokus. Damit sie für alle gelten, auch für die wärmsten Brüder und Schwestern auf Erden. Denn die Gefahr, dass sie Kinder missbrauchen, ist nicht um ein Jota größer als bei Eltern in unschwulen Paarungen. Und die gern verbreitete Dämlichkeit, dass Sexualität unter Gleichgeschlechtlichen »wider die Natur« sei, beweist nur, dass man uralt werden kann, ohne dabei je sein Hirn benutzen zu müssen. Ein paar Klicks würden genügen, um zu erfahren, dass es in der Tierwelt – Natur, oder? – sehr wohl männlich mit männlich und weiblich mit weiblich gibt. Innigst, ständig, unabschaffbar.

Dass gerade die katholische Kirche wieder strammsteht, um gegen die »Todsünder« zu hetzen, zeigt, dass Religion auch als Synonym für Scheinheiligkeit durchgeht. Denn welche Organisation – auf allen fünf Kontinenten – hat mehr Verbrechen an Kindern auf dem Kerbholz als die »allein selig machende«?

Liebe strahlt etwas geradezu Unheimliches aus. Sie ist taub, sie ist blind, nie treibt sie ein Hintergedanke an. Wenn es denn Liebe ist. Sie will lieben und sein und sich hemmungslos ausbreiten. Dabei ist es ihr vollkommen egal, wie ihr Gegenüber, das Ziel ihrer Sehnsucht, beschaffen ist: wie alt, wie schön, wie begehrenswert, wie berühmt, wie vergessen, wie unansehnlich, wie nebensächlich. Sie geht drauflos – und liebt. Auch Männer, unfassbar, die Männer lieben. Auch Frauen, die Frauen begehren. Auch zwei Häschen, die von einem Dreijährigen gestreichelt werden. Die Liebe kümmert sich um jede und jeden. Der sie zulässt. Und sie missachtet alle, die sich anmaßen zu wissen, was liebenswert – der Liebe wert – ist. Und was nicht.

Ausatmen! Selbst die Adoption ist durch. Noch eine Niederlage für alle, die ewige Wahrheiten nachplappern. Und ewige Blödheiten. Für alle anderen hat André Heller das ultimative Lied gesungen, eine Hymne auf die Liebe, den freien Geist, das weite Herz. So fängt es an: »Und wenn ein Mann einen Mann liebt, soll er ihn lieben, wenn er ihn liebt, denn ich will, dass es das alles gibt, was es gibt. Und wenn eine Frau eine Frau liebt, soll sie sie lieben, wenn sie sie liebt. Denn ich will, dass es das alles gibt, was es gibt ...«

Wunder Sprache:
73 Annäherungsversuche

Kleines Vorwort: In diesem Kapitel stehen 73 »Feder-entschlüpftheiten«. Den Ausdruck habe ich von Robert Walser abgeschrieben. Sie reden von unserer Sprache. Ich trau mich, darüber zu schreiben, weil ich weiß – dank der Mails, die ich bekomme –, dass viele Leserinnen und Leser Sprache nicht nur als banales Kommunikations-mittel begreifen, sondern als grandioses Phänomen: das imstande ist, die herrlichsten und grässlichsten Gefühle in uns loszutreten. Sie kann uns erheben und erniedri-gen. Sie kann die Liebe zum Leben anspornen, und sie kann sie uns austreiben. Sie kann retten und umbringen. Sie kann fast alles. Sie ist die erstaunlichste Erfindung der Menschheit.

1

Gerade als Schreiber sollte man dankbar sein für die Beulen auf seiner Seele. Sie verhindern, dass man satt wird und als unheilbar Gutgelaunter die Seiten voll-macht. Das Wissen um die eigene Verwundbarkeit macht empfindsamer, durchlässiger, lotet rigoroser die Wirklichkeit aus. Seine Verletzungen sind, so ist zu ver-muten, der Eintrittspreis für sein Davonkommen.

2

Es gibt keine befriedigendere Einsamkeit als die, darüber nachzudenken, welche Wörter zu welchen Gedanken gehören. Das sind die Stunden, in denen ich mir ein zweites Leben besorge. In dem ich intelligenter und versöhnlicher bin als an den restlichen Tagen, wo Stille und Einsamkeit fehlen.

3

Schreiben heißt: das Glück finden. Weil es auf magische Weise bedürfnislos macht. Man hat nur Buchstaben, sechsundzwanzig kümmerliche Zeichen. Sie reichen. Wer ihnen verfallen ist, bleibt ihnen mit archaischer Treue zugetan. Er wird ein Höriger, er hört auf nichts anderes mehr. Schreiben – der reinste Monotheismus.

4

Und hätte ich noch drei Jahrhunderte bei einem Weltmeister-Therapeuten auf der Couch gelegen, noch dreitausendmal den Urschrei ausgestoßen, nichts und niemand hätte mich über mein Leben hinwegtrösten können, nichts und niemand mein grün und blau geschlagenes Herz wiederbelebt. Ich musste einen Trost finden, der in mir lag, in mir selbst. Ein verpfuschtes Dasein lässt sich nicht »aufarbeiten«. Man kann es nur zu Tode betrübt ertragen oder gewaltsam beenden. Oder ein fantastisches Glück haben und seine Sprache entdecken. Die ins Freie führt.

5

Alles, was mir an Wirklichkeit entgegenfliegt, wird in den riesigen Speichern »Welt« und »Leben« deponiert.

Andere besitzen einen tonnenschweren Banktresor, ich trage die zwei Schatzkammern federleicht mit mir herum. In meinem Kopf. Jede Begegnung liegt dort als Wertpapier. Keiner kann sie plündern, keine Inflation wird sie je auffressen, ich wüsste von keiner fantastischeren Lebensversicherung.

6

Einer soll dem anderen beim Leben beistehen. Und sei es nur, indem man sich Wörter schenkt, sie verteilt wie bunte Pillen. Zum Schüren der Lebensfreude. Jeder kennt die Erfahrung, dass manchmal ein paar Worte genügen, ein Satz, um sich tagelang davon zu nähren. So stimmig ist er, so maßgeschneidert. Wer das kann, das Maßschneidern von Worten zur rechten Zeit, der wäre der König der Welt.

7

Palästina. Ich könnte augenblicklich nicht unbekümmerter sein, da gleich das schöne einsame Glück beginnt: den gestrigen Tag aufschreiben. Der so unspektakuläre Vorgang – das Tippen in den Mac – räumt mein Herz auf, löst es. Schreiben besänftigt die Wunden. Die ich nicht hergeben will. Auf die ich nicht verzichten will. Sie sind mein Vermögen.

8

Ohne Risse, ohne Wundmale keine Sprache.

9

Ins Tagebuch flennen kann helfen. Aber Wörter, die totenstill und unbemerkt vom Rest der Menschheit in der

Schublade dämmern, erlösen nicht. Nicht wirklich. Nie hätten sie mir das verschafft, wonach ich so innig hungerte: Lob, das Wissen, einen Wert zu haben, diese aberwitzige Sehnsucht, kein Versager zu sein. Erst die öffentliche Wertschätzung – und was symbolisiert sie mehr, als gelesen und für seine Worte bezahlt zu werden – macht aus dem Schreiben eine Wunderwaffe.

10

Die Sprache ist eine elende Hure. Sie treibt es mit vielen. Hauptsache, der Kunde kennt das Alphabet auswendig. Knapp dreißig lausige Buchstaben verlangt sie, nicht mehr. Dann darf es ihr jeder besorgen, darf jeder sie schwängern. Dass hinterher eine Missgeburt zum Vorschein kommt, will die Schlampe nicht kümmern.

11

Wie viele, die Sprache lieben, tröstet mich die Eleganz eines Textes über den Inhalt hinweg. Und wäre er todtraurig und doch: Schönheit behütet.

12

Schreiben. Noch einmal darf man an den Tatort zurückkehren, bekommt ein zweites Leben: Das Aufschreiben der Vergangenheit kann inniger sein als das Leben davor. Gewiss erhellender. Weil Schreiben den Vorgang verlangsamt, verlangsamen muss. Und diese Entschleunigung schafft Intensität, lässt tiefer blicken, lässt tiefer spüren.

13

Sicher nagt in mir, dem Schreiber, der Neid auf den Musiker. Denn jeder, der ihn hört, versteht ihn. Das Gleiche passiert beim Anblick eines schönen Gesichts. Weder Musik noch Schönheit müssen übersetzt werden. Ihre Vehemenz erreicht uns sofort, ohne Aufschub. Mit Sprache funktioniert das nicht. Selbst wenn ich Pablo Neruda hätte überreden können, persönlich seine *20 Liebesgedichte und ein Lied der Verzweiflung* vor dem Rathaus von Wolgograd aufzusagen: Mehr als drei Pensionäre würden bis Mitternacht nicht stehen bleiben. Lasse ich den Dichter entfernen und stelle Mark Knopfler hin, dann muss fünfzehn Minuten später die Polizei anrücken, um den Mann vor einem Volksrausch zu schützen. Beide sind Genies, aber die Sprache braucht Umwege. Musik nie und nimmer.

14

Wie beruhigend: dass noch Leute herumlaufen, die mit mir diese Sucht teilen. Rabiat Verliebte, die oft ins Zauberland Sprache flüchten. Um dort nach Wörtern und Zeilen und Strophen zu suchen, nach Sternblumen aus Buchstaben. Um das vermaledeite Leben auszuhalten. Sprache als eiserne Ration. Als Fluchtauto. Als Leuchtschrift in dunklen Zeiten. Als Heilsalbe, um damit das ramponierte Herz zu betupfen.

15

Als Schreiber fühle ich mich bisweilen wie ein Seefahrer im Mittelalter. So ein Mensch hat geglaubt, dass nach der nächsten Welle die Welt zu Ende ist. Und ich fürchte, dass nach dem nächsten Wort die Sprache aufhört. Wie naiv. Sie hört nie auf. Was mich begrenzt, ist mein Mangel an Beharrlichkeit, mein Mangel an Talent. Wohl beides.

16

Mahmoud Darwish ist ein Held der Palästinenser. Er ist ein Poet, ein Sprachgott, wohl die einzige Art Gottheit, die von Gottlosen verehrt wird. Nie nahm Darwish eine Handgranate in die Hand, er warf nur unablässig mit Worten um sich. Seit seinem Tod gibt es den von ihm inspirierten *Award for Freedom and Creativity* – einen Preis für Freiheit und Kreativität. Den würde ich gern gewinnen.

17

Lesen kann fast so heilen wie schreiben. Auf scheinbar unerklärliche Weise wirken bei einem Teil der Menschheit Buchstaben wie Aspirintabletten, in schwerwiegenden Fällen wie Morphium. Noch unerklärlicher: Selbst das Lesen von wehmütigen Geschichten verschafft Zuspruch. Ein bisschen, immerhin. So haben Drogenjunkies und Lesesüchtige eines gemeinsam: Nach drei Tagen Entzug landen sie auf dem *cold turkey*. Nichts anderes hat mehr Platz in ihrem Kopf als die Suche nach einem Stoff – weißes Pulver oder weißes Papier –, der sie aussöhnt mit der Welt. Für ein paar Stunden allemal.

18

Ich sehe eine Frau, die während des Gehens ein Buch liest. Sie geht und liest, unberührbar, minutenlang. Voller Begeisterung schaue ich ihr zu, folge ihr auf der gegenüberliegenden Straßenseite. Eine Wiedergängerin aus ferner Zeit. Sie schenkt mir eine Erinnerung aus der Vergangenheit. Ein Bild, das über die Maßen anrührt.

19

Die erste Zeile aus der *Odyssee*, der Sage vom sagenhaften Odysseus, geht so: »Sing in mir, Muse, und erzähle durch mich die Geschichte…« Welcher Schreiber wünschte sich nicht die Maßlosigkeit, die Wucht dieses griechischen Dichters? Und das Flüstern einer Muse? Und wer nicht einen Helden, der ihn zu solch sprachlichen Großtaten treibt?

20

Wer schmökern, in Sprache versinken kann, kennt diesen Nirwana-nächsten Zustand von wohliger Abgeschiedenheit, an der das Gelärme der Welt weit entfernt vorbeizieht. Stanisław Jerzy Lec wusste es genau: »Sobald ich Papier sehe, fange ich Feuer«.

22

Buchnärrische erkennt man auch daran, dass sie einen halben Tag opfern, um von einem Ende des Schlunds (New Delhi) ans andere zu gelangen. Dabei Nasen und Ohren, Herz und Lunge dem Härtetest einer der verstunkensten Ansiedlungen des Planeten ausliefern. Dabei nie auf ihre Fußsohlen hören. Dabei von Ignoranten in vier verschiedene Sackgassen geschickt werden. Um zuletzt – am östlichen Rand der Metastase – vor einer Kellertür zu stehen, hinter der sie einen rührigen Verleger mit ein paar Restexemplaren eines Buchs vermuten, von dessen Zauber sie gehört haben. Aber ja, zu gewissen Büchern muss man sich durchschlagen, sie verstecken sich, sie akzeptieren nur Leser, die es mit ihnen aufnehmen.

23

Vor Jahren las ich von einem Mann, der sich auf seinem Speicher erhängt hatte, weil sein Fernseher plötzlich kaputt gegangen war und er keine Bundesligaspiele mehr sehen konnte. Was für eine Leidenschaft! Doch für König Fußball würde ich nicht Schluss machen. Gewiss aber bei der Vorstellung – diese Furcht überkommt mich regelmäßig –, dass von einer Sekunde zur nächsten das Lesen (und Schreiben) untersagt wäre und ich den Rest meiner Zeit buchstabenlos verbringen müsste. Diese Angst triebe mich zum Letzten, auch zum Tod durch den Strick.

24

Ich mag meine Bücher. Und sei es nur aus einem einzigen Grund: Nach dem Schreiben bin ich klüger als jener, der ich vorher war. Vielleicht nicht klug, aber immerhin klüger. Weil ich Zeit hatte, gefesselt in meiner Höhle, an lässig durchtrainierten Gedanken zu feilen. Und Zeit, sie am nächsten Tag wieder zu streichen. Weil sie nicht lässig und durchtrainiert genug waren.

25

Wer ein inniges Leben führt, Liebe gibt, Liebe bekommt, die vielen Jahre bravourös aushält, von keinem Wahn verfolgt wird, keinem Desaster: Warum sollte so jemand sich schinden? Schreiben? Nach Gott suchen? Einen Psychiater kontaktieren?

26

Ich würde gern beim Schreiben einen neuen Gedanken finden. Und dafür anschließend bei der *Gesellschaft für deutsche Sprache* Finderlohn einfordern. Er wäre exorbitant. Denn ein neuer Gedanke, das passiert nur alle paar Jahre.

27

Ich genieße die kleinen Siege der Poesie. Nie wird sie Berge versetzen, aber mit nichts als ein paar Worten Nähe und Wärme zwischen zwei Fremden zaubern. Das schon.

28

Einen Bericht über blutjunge Breakdancer gesehen. Wie beneidenswert, sie tun etwas, das nichts als Bewunderung hervorruft. Und Neid und Staunen. Ein Schreiber jedoch provoziert oft Ablehnung, Wut, manchmal sogar Hass. Weil er Sätze veröffentlicht, die schmerzen, die diametral dem Leser widersprechen, ja, die denunzieren.

29

Schreiben. Das ist mein Lieblingsglück. Weil ihm nichts fehlt. Weil es mich erlöst von anderen Wünschen. Nicht für immer, aber für Stunden überkommt mich, so allein, so unauffindbar, das schönste Alleinsein der Welt.

30

Ich konnte mich auf meine Disziplin verlassen. In Zeiten finanzieller Not habe ich zuerst die Essenszufuhr gedrosselt. Ich merkte, dass mich Worte bisweilen inniger sättigen als eine Portion Pommes.

31

Lesen soll helfen, klüger und gelassener mit dem Leben umzugehen. Sprache, Literatur, Poesie, Gedanken aus aller Welt – viel verführerischere Heilmittel haben wir nicht. Das Problem: Irgendetwas muss irgendwann in einem Menschen geschehen, so ein magischer Kick, der diese Sehnsucht nach still sitzen und still denken auslöst. Kommt dieser Schubser nicht, dann kann man jeder Frau oder jedem Mann jeden Tag die Werke von Emily Dickinson, Gustave Flaubert, Zadie Smith, Heinrich Böll oder tausend anderen Meistern an den Kopf werfen und trotzdem: Der Kopf wird nie anfangen zu leuchten.

32
Ich denke, dass ein Schreiber verpflichtet ist zu stören. Als Leser bestehe ich darauf. Der Autor darf mich ruhig rempeln. So bleibt mein Kopf in Bewegung. Einlullen sollen andere.

33
Schreiben im Café, Südamerika. Leute kommen und schauen zu. In einem solchen Moment ist alles möglich, nur nicht denken und schreiben über das, was man denkt – das nicht. Hier könnte ich auf der Lauer liegen und warten, bis das rechte Wort vorbeikommt. Wären da nicht die Neugierigen und ihre Neugier auf diesen Mann, der so verschwiegen in seinen Laptop tippt.

34
Schreiben. Um bedürfnislos zu werden. Um ein zerrissenes Leben wieder zusammenzusetzen. Jeder hat seinen Weg, um standzuhalten: Musik machen, Drogen konsumieren, meditieren, saufen, Berggipfel erobern, jemanden lieben oder – sich aufgeben und vom Unglück überrollen lassen. Oft ist unsere Existenz eher fern der

einst beschlossenen Träume, dafür: nah Frauen und Männern, die man nicht ersehnt. An Orten, auf die man verzichten könnte. In Umständen, die stinken vor Nichtigkeit.

35
Schreiben macht stark. Es verleiht eine dunkle, tröstende Kraft.

36
Schreiben. Das heißt für einen streng Ungläubigen, einen Raum zu betreten, der eine Art Heilung, sagen wir, Erholung verspricht. Auch von den grässlichen Geschichten. Auch von Verletzungen, die sich die Welt für einen ausgedacht hat. Auch von den Bosheiten, die man selbst austeilt. Und nie kommt Hilfe von außen, nimmer. Schon gar nicht von »oben«. Keine Visionen, kein göttliches Flüstern, keine Offenbarungen blenden.

37
Für Nicht-Schreiber ist das schier unvorstellbar: dasitzen und nach Wörtern und Sätzen suchen. Und sie finden. Was eine Seligkeit verschafft, die sich mit jeder anderen messen darf. Man ist auf niemands Launen angewiesen, nicht auf Zuspruch, nicht auf Zurückweisung. Man ist auf wundersame Weise einsam. Und will nichts anderes sein.

38
Wie alle, die nach Wörtern hungern, schärfer formuliert, nach Wörtern, die gerade jetzt – genau an dieser Stelle – passen, hatte ich einen Satz von Mark Twain auswendig

gelernt: »Der Unterschied zwischen dem richtigen Wort und dem beinahe richtigen ist derselbe wie zwischen dem Blitz und einem Glühwürmchen.«

39
Präziser als jede andere Form bringt mir die Lektüre von Poesie bei, wie man keusch, sprich sparsam, mit Worten umgeht: ohne die falschen Wörter, das wären die entbehrlichen, die krummen, die pompösen. Nur die Unbedingten dürfen stehen bleiben. Ich lese Gedichte und lerne gleichzeitig schreiben.

40
Jeder von uns trägt ein »livre interieur« in sich, ein *inneres Buch*. Und in dieses Buch, papierlos und immer virtuell, schreibt der Mensch an jedem Tag seine Gedanken und Gefühle über die Welt hinein. Oft bewusst, sehr oft unbewusst. So entsteht sein Lebensbuch, sein Sein. Das minütlich, nein, in jeder Sekunde mit der Außenwelt, der Welt der anderen, ja, mit anderen inneren Büchern konfrontiert wird. Daraus kann Enthusiasmus entstehen. Oder Gleichgültigkeit. Oder Widerwille und Ekel.

41
Doch Schreiben ist eine Gabe, die sich Zeit lassen darf. Vieles muss früh blühen, muss sofort sich zeigen. Nicht das Finden der eigenen Stimme. Die kommt eher mühsam, eher scheu zur Welt.

42
Wer schreibt, weiß, dass das Leichte das Schwerste ist, ja, dass eine/r schreibt, wie Muhammad Ali tänzelte – so

federleicht: Das braucht Zeit, viel Zeit. Doch Eleganz
besticht ungemein.

43

Leser wollen Eleganz bewundern, die Leichtigkeit, wollen ein Ergebnis präsentiert bekommen, das sie mit
Schönheit und Hintersinn versorgt. Wir wollen keinem
zuschauen, wie er den dreifachen Rittberger trainiert,
nein, wir wollen den fertigen Rittberger bestaunen, das
Schweben. Wir wollen mit Gedanken beschenkt werden, die uns begeistern, verführen, erheben, an der Gur-
gel packen, verwunden und – trösten. In einem Satz:
Wir wollen lesen und uns gleichzeitig am Leben spüren.
Jeder Text soll uns reicher machen, geistreicher, soll uns
vom grandiosen Wirrwarr der Welt erzählen.

44

Hat der Leser Glück, so kommt einer und setzt die Sprache unter Strom. Und der Leser – wundersam ergriffen –
spürt den Schlag und erkennt, dass hier ein Wildfremder
auch über ihn spricht, seine Einsamkeit, seine Wunden,
seine Geheimplätze. Wie eine sanfte Droge ziehen die
Worte durch sein Herz.

45

Schreiben heißt auch, an Orte geführt zu werden, die
man lieber vermeiden möchte. Doch meist reicht der
Mut, um sich zu trauen. Man fängt an, zuerst zaghaft,
später vertrauensseliger. Und irgendwann, mittendrin,
wird die Welt leichter, der Schmerz stiller, die Freude
inniger.

46

Bisweilen reicht der Mut nicht. Um über Augenblicke zu berichten, von denen niemand wissen soll. Immerhin landen sie im Tagebuch. Doch nie in der Welt. Zu verbarrikadiert von Scham. Keine Gewalttat soll verheimlicht werden, nur Momente, in denen man versagt hat. Weil feig, weil weit weg von dem, der man sein will. Keine Sprache würde erlösen. Im Gegenteil, jedes (öffentliche) Wort wäre ein nächster Stich ins Herz.

47

Ist das nicht ein Wunder menschlicher Erfindungsgabe? Ein paar Seiten Papier voll Buchstaben sind imstande, zu gleicher Zeit stille Einkehr und brausende Stürme hervorzurufen. Kein anderes Medium sieht so unscheinbar aus und birgt nebenbei so viele Sprengköpfe. Die hochgehen, sobald man das Ende eines Satzes erreicht hat, ja, die einmal als haltloses Gelächter rausplatzen, einmal wie kleine Erleuchtungen blinken, einmal unsere Augen vor Ergriffenheit überschwemmen.

48

Nach dem Arztbesuch: mein wunderlich von der Opiumspritze besänftigter Leib. Plus die Anmutung eines Wiener Kaffeehauses, in dem ich anschließend sitze. Plus das unerschöpfliche Heil, das gedruckte Sprache – hier darf man lesen – einem notorischen Buchliebhaber schenkt. Drei Glückspfeiler im selben Moment.

49

Schreiben ist ein anstrengendes Unternehmen, ein mutterseelenalleiniges sowieso, ja, eine Ein-Mensch-Expedition. Mit Suchbewegungen, mitten ins Ungewisse. Niemand weit und breit, der neben dem Einsamen sitzt und ihm einflüstert.

50

Mein Hauptwohnsitz ist die deutsche Sprache, nebenbei wohne ich in Paris.

51

Jeder Mensch, der von dem Wahn befallen ist, dass andere seine Drucksachen lesen, ja, für seine Gedanken tatsächlich Geld hinlegen, sollte wissen: Er bekommt nie Ferien, da er entweder schreibt oder übers Schreiben nachdenkt. Hat er es doch mit einer hungrigen, maßlos fordernden Braut zu tun. Die nur den erhört, der sich als beflissener, höchst ergebener Verehrer präsentiert.

52

Zwischen Größenwahn und Ladehemmung verläuft die Linie eines Schreiberlebens. Und beide Gefühlszustände sind unabdingbar. Und wer dieses Spiel beherrscht und den Augenblick erkennt, in dem eine Prise Hochmut guttut oder die Stunde gekommen ist, lieber den Mund zu halten, um auf die besseren Zeiten der Intuition zu warten, den wird dieser Beruf mit Seligkeiten überhäufen.

53

Nach Jahren – jetzt Reporter – begriff ich Sprache nicht nur als Trostpflaster, sondern zudem als Instrument, um abzulästern. Das Alphabet – ich hatte ja weder Einfluss noch Schatztruhen – als Waffe gegen die Blödheiten der Welt. Sprache als Spielverderber, natürlich ohne die geringste Illusion, den Schwachköpfen ihr Spiel auf Dauer zu verderben. Wörter wie Wassertropfen auf einen Ofen: ein Zischen und weg. So tut ein Schreiber gut daran, früh Macht und Ohnmacht von Sprache als ziemlich klein und ziemlich groß zu begreifen.

54
Man vermag so vieles zu sein, auch Totschläger, auch Psychopath, auch einsam wie der letzte Straßenköter auf Erden: Und doch, die Liebe zur Sprache kann den Menschen einholen und – nicht restlos, aber bisweilen – retten. Vor einem aussichtslosen Dasein.

55
Ich lese. Geschriebene Sprache als Vademecum, mein Serum gegen die Dämonen, jene, die mir schon lange gehören, und jene, die neu auf mich einstürmen. Das Alphabet als Schutzengel. Eine Meisterleistung.

56
Paulo Coelho fällt mir ein, mein Lieblingsfeind, eine seiner Perlen, die er vom Hochsitz seiner harmlosen Idiotien auf die Menschheit losgelassen hat: »Sprich mit dem Fremden, auch wenn du dessen Sprache nicht sprichst.« Ich habe es soeben erlebt, wohin es führt, wenn Sprachlose aufeinandertreffen, wenn die gemeinsame Kommunikation fehlt. Es führt zu Verwirrung, zu Hilflosigkeit, zu Missverständnissen, manchmal in Gefahr. Vielleicht hat der brasilianische Clown unfreiwillig auf sich selbst verwiesen: bestünde Literatur nur aus

seinen Laubsägearbeiten, könnte die Welt tatsächlich auf Sprache verzichten. Denn nichts würde ihr fehlen, nicht ihre Schönheit, nicht ihre Tiefe, nicht ihre Wunder, nicht ihr Schillern und ihr Geheimnis. Nur druckschwarz vollgemachte Seiten lägen herum.

57

Den Justizminister von Kerala, einem Bundesstaat in Indien, überkam die revolutionär-aberwitzige Idee, den dortigen Zuchthäuslern mit »music, poetry and literature« beizukommen: »to bring harmony into these men and to heal the beast in them«. Und so lädt er Musiker, Dichter und Autoren in die Verliese ein. Damit die Messerstecher und Meuchelmörder dem Wunder von Harmonie und Schönheit begegnen. Damit ihre verlorenen Seelen über den Umweg der Kunst transzendieren. »Recht sprechen«, will er, sagt der Revolutionär. Besser kann man es nicht definieren. Hat doch jeder ein Recht auf die Schätze der Welt. Auch einer, der sich bisher nur mit Stechen und Meucheln zu helfen wusste.

58

Ein Schreiber muss schuften. Ich weiß von ein paar, die sind – ungelogen – mordsbegabt, aber sie wollen sich nicht schinden. Man liest ihre Texte und merkt an manchen Ecken und Enden, dass sie es souveräner hätten hinschreiben können. Doch der unbedingte Wille fehlte, so lange hocken zu bleiben, bis der Blitz einschlägt.

59

Dirty talking, sweet talking, smart talking – nicht vieles ist verschwenderischer als die Sprache. Ohne Kosten, ohne

Nebenkosten. Doch mit Nebenwirkungen: wie geistreich und spielerisch werden, wie denken üben, wie Gefühlen nah kommen, ja, wie in der Welt zu Hause sein und sich in ihr – bis zu den Zähnen bewaffnet mit Worten – zurechtfinden. Tag für Tag.

60

Schreiben ist ein hundsgemein anstrengender Zeitvertreib. Ein Buch stemmen fällt unter Schwerarbeit. Viele Schriftsteller waren zähe Hunde, andere nicht und endeten als Wrack. Mein Held ist ein berühmter Franzose, Gilbert Prouteau: mit fünfundneunzig gestorben, nachdem er Poet, Romancier, Filmemacher und – einzigartig – ein Athlet war: Zweitbester bei den nationalen Meisterschaften im Dreisprung und 1948 bei den Olympischen Spielen in London – unfassbar – Bronzemedaillen-Gewinner in der Sparte »Lyrik«. Unheimlich.

61

Immer will ich schreiben gegen die Schwerkraft des Herzens. Will zeigen, dass die Welt einen Sinn hat und das Menschenleben irgendwo ein Ziel. Will glauben, dass irgendwann alles gut ausgeht und jeder so lebt, wie er sich das einst vorgestellt hat. Aber ich strauchle, stündlich. Mein Plädoyer klingt matt. Statt souveräner Rede stottere ich. Jeder Kesselflicker weiß es besser, redet vehementer vom Unglück und der Ausweglosigkeit unserer Existenz. Wie ich dann schrumpfe. Jeder Blick auf die Erde, jede Nahaufnahme beschädigten Daseins gibt ihm tausendmal recht.

62

Nach dem morgendlichen Ritus – lesen, schreiben – hinaus auf die Straße. Beunruhigend, wenn ich bedenke, wie viele Stunden ich an manchem Tag investiere, um Sätze zu komponieren. Wie großspurig das klingt: komponieren. Aber so ist es. Wer schreibt, summt die Wörter, muss wissen, ob sie »stimmen«, ob sie in die Partitur passen, den Absatz: ja, ob sie muskulös genug sind, um es bis zum Leser zu schaffen. Mitten in seinen Kopf, mitten in sein Herz.

63

Natürlich schreibt man, um herauszufinden, wer man ist. Hat man Glück, kommt man sich – selten genug – auf die Schliche. Leute, die nicht schreiben, wissen nicht einmal, wer sie nicht sind.

64

Wie absurd, schreiben zu wollen, um die Welt zu verändern. Manchmal beneide ich andere um ihren Größenwahn. Ich bin schon froh, wenn ich genug Sprache habe, um der Welt standzuhalten. Um sie, um mich zu ertragen.

65

Warum schreibt man? Eine Antwort gilt wohl für viele von uns: Weil man sich selbst nicht genügt.

66

Sobald ein Mensch über ein Innenleben verfügt, führt er ein Doppelleben: Unmöglich scheint der Gedanke, dem anderen, dem Freund, der Geliebten, der Welt alles von sich preiszugeben. Die Liste mit den Geheimdaten darf nur im Kopf landen, im Tagebuch. Käme sie ans Tageslicht, zu viele Wunden würden entstehen, zu viel schwerwiegende Fragen, zuletzt: zu viel (widrige) Einsamkeit.

67

Ich lese einen Satz auf Englisch oder Französisch oder Spanisch. Wie gut er mir gefällt. Lese ich ihn dann auf Deutsch übersetzt – umgekehrt gilt das noch viel mehr –, bin ich enttäuscht. Weil eben Worte in ihrer Sprache ihren Eigen-Sinn haben, somit etwas auslösen, was sie in einer anderen Sprache nicht auslösen. Zumindest nicht so vehement. Weil jede Sprache und jedes ihrer Wörter eine andere Musik hat, eine andere Anmutung.

68

Schreiben, ganz sacht anfangen. Nicht Hass soll vorkommen, nicht Worte wie Hungersnot und Hungernde, nicht Bürgerkrieg und Leichen, keine Silbe über Vergänglichkeit. Loslegen mit hellblauen Worten, mit allen Versprechungen, mit allen Aussichten auf eine glückliche Welt.

69

Es gibt Momente beim Schreiben, ungemein selten, da kommen Augenblicke ozeanischer Stille. Nein, nichts Fulminantes passiert, kein Sturzbach wilder Inspiration bricht los. Nur Stille im ganzen Körper. Keine Feinde draußen, kein einziger im Kopf. Nur ein radikal unspektakuläres Glück breitet sich aus. Ein paar Minuten lang, eine kleine Viertelstunde hält es durch. Dann weg, so plötzlich, so unerklärbar wie sein Auftauchen.

70

Manchmal breche ich einen Gedanken beim Schreiben ab. Er ist mir zu hochtourig, zu gefährlich. Weil unvermittelt die Angst auftaucht, dass er mich – wenn zu Ende geschrieben – in Gefühle stürzt, die ich gerade nicht aushalte. Morgen vielleicht bin ich gerüstet. Heute nicht.

71

Schreiben ist wie eine Röntgenaufnahme anfertigen – vom Kopf, von der »Seele«. Um hinter allen Masken, allen Scheinheiligkeiten, hinter allen Lügen eine Ahnung von Wirklichkeit zu entdecken.

72

Sobald ich mit den Aufräumarbeiten meines letzten Irrtums fertig bin, setze ich mich hin und schreibe ihn auf. So halte ich ihn besser aus. Kein Mensch weiß, warum das so ist, aber so ist es. Kaum ist das erledigt, kann ich mich voll auf meinen nächsten Irrtum vorbereiten. Ich wundere mich, wie zäh und wie oft ich mich wehre, aus Fehlern zu lernen.

73

Wäre das nicht der Traum von allen, die schreiben: Der Verleger preist das neue Buch eiskalt mit »Wieder einmal eine Luxusausgabe deutscher Sprache« an. Klar, scheinheilig würden wir uns ein bisschen genieren. Aber es ihm ausreden, das würden wir nicht.

Zurückkommen

Das ist ein seliges Gefühl: die Wohnungstür zu öffnen und sich auf den Boden zu knien. Samt Rucksack. Und »welcome home« zu seufzen. Schlagartig hat das Leben eines mühselig Beladenen ein Ende. Kein keuchendes Sprinten zum Busbahnhof mehr, kein Gerangel vor Ticketschaltern, kein Balancieren in versauten Aborten, kein schmiergeldhungriger Polizist in Sicht, kein Floh weit und breit, nimmermehr das Gebrüll einer Glotze aus dem Nebenzimmer.

Das ist der Augenblick, in dem ich meine Wohnung wieder als das begreife, was sie ist: ein Traum. Insektenfrei, niemand rempelt, immer steht ein Sitzplatz zur Verfügung, kein einziges Mal muss ich rennen, noch nie wurde ich in meinem Schlafzimmer verhaftet, stets strömt märchenklares Wasser in die Dusche, kein Millimeter Grind klebt an meiner Klobrille. Und nachts, ja, nachts darf ich flachliegen auf meinem Futon. Dem Paradiesfleck. Lichtjahre himmlischer als jene angeranzten Kojen, die an die tausend Leiber erinnern, die dort vor mir unglücklich und schlaflos dahindösten.

Coming home – what magic words. Ab sofort bin ich wieder zivilisiert: jeden Tag einseifen, überall, jeden Tag frische Unterwäsche, jeden Tag mit sauberen Fingernägeln die Welt betreten. Und jeden Tag im Café still sitzen und lesen dürfen, sprich, sich jeden Tag begeistert anderer Leute Wissen und Einsichten einzuverleiben, ach, jeden Tag ein paar Millimeter weniger ignorant ins Bett gehen.

Ich misstraue allen, die rastlos abwesend sind. Ich kann das nicht, ich muss zwischendurch stehen bleiben. Zum Tanken, zu Hause. Weil nach drei Monaten *on the road* der Speicherplatz im Kopf überläuft. Irgendwann haben kein Bild und keine Story mehr Platz. Das Herz will Atem holen, wie die Augen, die erblinden, die sehen und doch nicht sehen, nicht wirklich, nicht haargenau, nicht haarscharf. Wie die Ohren, die faul und schwerhörig werden, nun verstopft von den Geschichten menschlicher Glorie und unmenschlicher Ruchlosigkeit. Die Nerven liegen blank, der Enthusiasmus ist hin.

Noch etwas passiert, eher besorgniserregend: Meine Geduld schwindet, mein Taktgefühl. An irgendeinem Ort der Reise fällt mir auf, dass ich gefühlstaub werde, dass mein Reservoir an Empathie leerläuft, dass ich das Gräulichste werde, was aus einem werden kann: ein Gleichgültiger.

Zuletzt, durchaus Banales mahnt zur Umkehr: Meine sieben Sachen verwittern. Und ich mit. Die Hose mit den Geheimtaschen löchert. Hemdknöpfe fehlen, die Sonnenbrille wackelt, der Mac ächzt und will repariert werden, ein schwelender Fersendorn rumort wieder, ein linker Backenzahn ruft nach dem Zahnarzt. Zwei Zehen eitern.

So ist endgültig Zeit, den Rückwärtsgang einzulegen. Bin keinem mehr zumutbar, mir nicht, niemandem. Ich muss weg.

Zugegeben, hier spricht ein Reporter, der nicht imstande ist zu reisen, um sich zu erholen. Ich reise, um mich zu erschöpfen. Andere treten runderneuert und himmelblau strahlend die Heimreise an. Ich nicht. Ich bin ausgezählt.

Immer fort sein, uff, so beängstigend wie immer daheimbleiben. Nach einer langen Reise fordert der Körper eine Auszeit. Nein, keine Bettruhe, kein Sanatorium, aber: Zeit, um die letzten Wochen zu »dechiffrieren«. Camus notierte es so klar (und ein atü zu weihevoll): »Es gibt eine Zeit zu leben und eine Zeit, um davon Zeugnis abzulegen.«

So will ich den (reparierten) Mac einschalten und anfangen, mein mitgebrachtes Tagebuch zu lesen. Da ich nie zweckfrei reise, ist der einzige Zweck, davon zu erzählen. Schriftlich. Damit das gelingt, brauche ich zuallererst *a room of my own*, den stillen Ort, das eine Zimmer, das nur mir gehört, das nur ich betreten darf und das ich verriegle wie Eroberer ihre Schatzkammer. Wo ich verschwiegen dasitzen und nach Worten Ausschau halten kann, die maßgerecht passen, jene, die die Leser später aufwiegeln und begütigen sollen, heimsuchen und umarmen, anfeuern und besänftigen. Was für ein übermütiger Wunsch, ich weiß.

Diese Stube befindet sich in Paris. Dort steht die Werkbank, die Schlachtbank, das einfache Möbel, an das ich mich morgens festkette. Um das so einsame Geschäft zu erledigen – schreiben. Das Übersetzen von sinnlicher Erfahrung in Wörter ist eine hundsgemeine Strapaze. Jeden Tag Wehen, jeden Tag Geburtsdrama, aber jeden Tag, irgendwann: vergnügter Leichtsinn, glatte Freude über fünf gelungene Sätze. Die schweben, die leidlich so

klingen, wie sie sollen. Was stets dann passiert, wenn –
so nannte es Nobelpreisträger Naipaul – »the text caught
fire«. Was für ein Bild: Sprache, die Feuer fing. Wie beredt, wie vieldeutig.

Hinterher folgt die nächste Belohnung. Weil ich die
Schreibstube verlasse und sogleich in Paris ankomme,
nach zehn Schritten. Und die Stadt jedes Mal ihr Versprechen hält: dass Schönheit tröstet. Auch über das, was
einem nicht gelingt. Gewiss, würde ich fernab der französischen Hauptstadt leben, zögerte ich länger mit der
Heimreise. Wäre ich in Cloppenburg oder Oklahoma
City gemeldet, fielen mir genug Ausreden ein, um wegzubleiben. Aber der Name Paris hört sich so verlockend
an wie das Lied einer homerischen Sirene. Und da ich
nicht Odysseus bin, widerstehe ich selten. Und eile zurück. Zu ihr, zur Schönsten.

Treffen mich Freunde später im Café, fragen sie beim
Wiedersehen als Erstes: »Wie war's?«, und ich antworte
sofort: »Super.« Und sie nicken freundlich und begeistert. Sie wissen längst, dass ich mich nicht die nächsten
vier Wochen vor sie hinstelle und als Märchenonkel auftrete. Zu viel reden schadet der Sprache, nimmt ihr den
Zauber.

Reicht die Kraft, dann kommt nach dem Zurückkommen ein Buch zum Vorschein. Ein Jahr danach
vielleicht. Aber ja, als Reporter zählt nur eine Aufgabe:
die Fundsachen einer Reise auszubreiten. Gefährliche
Fundsachen, herzzerreißende. Und die warmen, die
sanften. Und jene, die nichts als Lebensfreude entfachen.

Ich erinnere mich noch an den Tag, als ich in der Druckerei stand, die gerade ein neues Buch von mir druckte.

Und der Chef mir die ersten drei Exemplare überreichte. Und ich mir einbildete, sie wären noch heiß.

Ach, auf dass sie noch heiß bleiben im Buchladen, noch heiß in den Händen all derer, die sie lesen.

Der große Reiseautor wieder in Bestform

Andreas Altmann
Bloßes Leben
Reportagen

Piper Paperback, 304 Seiten
ISBN 978-3-492-06246-6

Besondere Begegnungen, ungestüme Landschaften, wertvolle Erkenntnisse – das Reisen erweitert nicht nur unseren Horizont, sondern lehrt uns zu leben. Und wer kann uns dieses Leben in seiner rohen, manchmal erschreckenden und meist überwältigenden Vielfalt besser nahebringen als Andreas Altmann? In dieser Auswahl seiner gefeierten Reportagen lässt er uns an Begegnungen in aller Welt teilhaben, erzählt von den unterschiedlichsten Frauen und Männern und ihren Schicksalen. Bloßes Leben in einem Band.

PIPER

Leseproben, E-Books und mehr unter **www.piper.de**

»Altmanns Daseinsenthusiasmus ist mitreißend.«

Franz Schuh, WDR

Andreas Altmann
In Mexiko
Reise durch ein hitziges Land

Piper Taschenbuch, 288 Seiten
ISBN 978-3-492-31633-0

Gewiss, Mexiko verfügt über einen bestechenden Trumpf: Wer hier entlangreist, wird gleichzeitig an einem Crashkurs zum Thema »Wer bin ich?« teilnehmen. Links und rechts warten Erfahrungen, die jeden überhäufen. Mit dem, was wir alle ersehnen: vehemente Gefühle und Erkenntnisse, die ganz hellblauen, die ganz dunkelschwarzen. Reisen ist auch eine Reise nach innen. Der Schatz Mexiko gehört jedem, der noch immer hungert. Mehr kann ein Land der Welt nicht schenken.

PIPER

Leseproben, E-Books und mehr unter www.piper.de

»Mein Hauptwohnsitz ist die deutsche Sprache, nebenbei wohne ich in Paris.«

Hier reinlesen!

Andreas Altmann

Gebrauchsanweisung für Heimat

Piper Taschenbuch, 224 Seiten
ISBN 978-3-492-27743-3

Brazzaville, Wien oder Hanoi: Andreas Altmann hat schon die unterschiedlichsten Orte als Heimat erlebt. Radikal ehrlich und voller Poesie nähert er sich einem Begriff, der ebenso aufgeladen wie schwer zu fassen ist. Er erzählt von den intensivsten Momenten unterwegs und in seiner Wahlheimat Paris. Er schildert, wo auf seinen Reisen ihm Heimatfreude, Herzenswärme und Fremdheit begegneten – und wie wichtig für ihn Freundschaften, Sprache, Musik sind. »Sehr sehr persönlich, sehr ehrlich.« *hr2-kultur*

PIPER

Leseproben, E-Books und mehr unter **www.piper.de**